Conheça o
Saraiva Conecta

saraiva conecta

Uma plataforma que apoia o leitor em sua jornada de estudos e de atualização.

Estude *online* com conteúdos complementares ao livro e que ampliam a sua compreensão dos temas abordados nesta obra.

Tudo isso com a **qualidade Saraiva Educação** que você já conhece!

Veja como acessar

No seu computador
Acesse o *link*
https://somos.in/LGPDC1

No seu celular ou tablet
Abra a câmera do seu celular ou aplicativo específico e aponte para o *QR Code* disponível no livro.

Faça seu cadastro

1. Clique em **"Novo por aqui? Criar conta"**.
2. Preencha as informações – insira um *e-mail* que você costuma usar, ok?
3. Crie sua senha e clique no botão **"CRIAR CONTA"**.

Pronto! Agora é só aproveitar o conteúdo desta obra!*

Qualquer dúvida, entre em contato pelo *e-mail* **suportedigital@saraivaconecta.com.br**

Confira o material dos professores para você: **https://somos.in/LGPDC1**

* Sempre que quiser, acesse todos os conteúdos exclusivos pelo *link* ou pelo *QR Code* indicados. O seu acesso tem validade de 24 meses.

Adrianne Lima
Daniela Samaniego
Thainá Baronovsky
coordenadoras

LGPD para contratos

Adequando contratos e documentos à Lei Geral de Proteção de Dados

Adrianne Lima • Anielle Martinelli • Damarys Montes
Daniela Samaniego • Davis Alves • Flávia Alcassa
Mariane Nunes • Mirian Esquarcio • Nadia Guimarães
Raphael Amar • Thainá Baronovsky • Umberto Correia

2022

expressa
conteúdo Saraiva Jur

saraiva jur

Av. Paulista, 901, Edifício CYK, 3º andar
Bela Vista – SP – CEP 01310-100

SAC sac.sets@saraivaeducacao.com.br

Diretoria executiva	Flávia Alves Bravin
Diretoria editorial	Ana Paula Santos Matos
Célula digital	Fernando Penteado Beatriz Gimenez Dalila Costa de Oliveira
Gerência editorial	Isabella Sánchez de Souza
Edição	Daniel Pavani Naveira
Produção editorial	Daniele Debora de Souza (coord.) Cintia Aparecida dos Santos
Arte e digital	Mônica Landi (coord.) Camilla Felix Cianelli Chaves Claudirene de Moura Santos Silva Deborah Mattos Guilherme H. M. Salvador Tiago Dela Rosa
Projetos e serviços editoriais	Daniela Maria Chaves Carvalho Emily Larissa Ferreira da Silva Kelli Priscila Pinto Klariene Andrielly Giraldi
Projeto gráfico	Mônica Landi
Diagramação	Markelangelo Design e Projetos Editoriais
Revisão	Daniela Georgeto
Capa	Tiago Dela Rosa
Impressão e acabamento	

DADOS INTERNACIONAIS DE CATALOGAÇÃO NA PUBLICAÇÃO (CIP)
ODILIO HILARIO MOREIRA JUNIOR - CRB-8/9949

L525 LGPD para contratos: adequando contratos e documentos à Lei Geral de Proteção de Dados Pessoais / Adrianne Lima...[et al.] ; organizado por Adrianne Lima, Daniela Samaniego, Thainá Baronovsky. - São Paulo : SaraivaJur, 2022.
200 p.
ISBN 978-65-5362-025-4 (Impresso)
1. Direito Digital. 2. Contratos. 3. LGPD. 4. Lei 13.709. 5. Tratamento de dados. 6. Proteção de dados pessoais. 7. ANPD. I. Lima, Adrianne. II. Samaniego, Daniela. III. Baronovsky, Thainá. IV. Título.

CDD 340.0285
2022-536 CDU 34:004

Índices para catálogo sistemático:

1.Direito digital	340.0285
2.Direito digital	34:004

Data de fechamento da edição: 24-3-2022

Dúvidas? Acesse www.editorasaraiva.com.br/direito

CL 607758 CAE 799351

Sumário

Breve currículo das coordenadoras

Adrianne Lima

É advogada na ACC de Lima Consultoria Jurídica e Treinamentos (adriannelima.com.br), Consultora em LGPD, DPO *as a service* e atua com *body shop* (projetos *in company* e terceirizado), Lead Implementer ISO 27701. Professora convidada da Universidade Mackenzie e da PUC Campinas, Diretora do Comitê Jurídico da Associação Nacional dos Profissionais de Proteção de Dados – ANPPD (www.anppd.org). Atua há mais de 13 anos em escritórios de advocacia, empresas e instituições financeiras. É mestre em Administração de Desenvolvimento de Negócios e Mercado pela Universidade Mackenzie (aprovada com distinção) e participante do programa de dupla titulação europeia no Instituto Politécnico de Guarda, em Portugal. Possui Graduação em Direito pela Universidade Cidade de São Paulo e MBA em Gestão de Agronegócios pela ESALQ/USP. É certificada internacionalmente na área de privacidade e proteção de dados (RGPD e LPGD) e normas ISO/IEC 27001. É capacitada como profissional *Data Protection Officer. Lead Implementer* da ISO 27701 (Gestão da Privacidade). É professora em inúmeros cursos de capacitação e treinamento sobre a LGPD e possui uma página no LinkedIn com 8.000 seguidores.

/adrianneclima

@profadrianne

Daniela Samaniego

É vice-diretora do Comitê Jurídico da Associação Nacional dos Profissionais de Proteção de Dados – ANPPD. Mestre em Direito Civil

(Direito das Obrigações) pela UNESP. É especialista em Direito Digital pelo EBRADI. Atua como professora universitária desde 1995 e foi coordenadora do curso de Direito da UNIC (Universidade de Cuiabá) de 2012 a 2018. Leciona em cursos de pós-graduação na UFMT e na UNICATHEDRAL. Ministra cursos de capacitação e atualização sobre a LGPD, pelo IMEJ, para servidores da Administração Pública Estadual e Municipal em Mato Grosso. É assessora jurídica de Conselheiro no Tribunal de Contas do Estado de Mato Grosso. Advogada, sócia-fundadora do CB&S Advocacia e Consultoria Jurídica. Presta consultoria jurídica para adequação e implementação da LGPD. É certificada pelo EXIN em PDPF (*Privacy and Data Protection Foundation*). É membro da Comissão de Privacidade e Proteção de Dados da OAB do Distrito Federal. É membro da Comissão de Proteção de Dados e Privacidade da OAB do Estado de Mato Grosso. Dissemina conhecimento para mais de mil pessoas no LinkedIn, possui uma página específica para esse fim no Instagram (@daniela.samaniego.dpo) e participa de grupos de pesquisa voltados para essa área.

in /daniela-samaniego

@daniela.samaniego.adv

Thainá Baronovsky

É advogada de Tecnologia e Proteção de Dados. Pós-graduada em Compliance Digital pela Universidade Presbiteriana Mackenzie. É certificada pelo EXIN em PDPF (*Privacy and Data Protection Foundation*). Possui curso avançado em Proteção de Dados (*Data Privacy Brasil*). Possui treinamento da norma ISO 27001. Possui projetos voltados para a educação digital em escolas públicas. É membro do Comitê Jurídico da Associação Nacional dos Profissionais de Privacidade de Dados – ANPPD. É membro da Comissão de Direito Digital e da Comissão de Privacidade e Proteção de Dados da OAB-SP. Palestrante e sócia-fundadora do escritório Baronovsky Advogados.

in /thainábaronovsky

@thainabaronovsky

Breve currículo dos autores

Anielle Martinelli

Diretora do Comitê de Conteúdo da Associação Nacional dos Profissionais de Privacidade de Dados (ANPPD). Referência no setor bancário no tema Privacidade de Dados. Especialista em GRC e Gestora de Projetos da Auditoria de Governança de Dados e Privacidade no setor bancário. DPO, Palestrante e Professora no tema de Privacidade de Dados. Responsável pela condução de análise de riscos de grandes projetos com mais de 2.000 horas, por exemplo, migração de Datacenter, aquisição de novas empresas e atualmente tem liderado/aconselhado iniciativas de adequação à Lei Geral de Proteção de Dados Pessoais. Atuante também na subcomissão de Auditoria de TI na Febraban no tema LGP. Formação em Cyber Security no MBA da FIAP, entre outras especializações. Líder do Grupo das Mulheres da ANPPD.

Damarys Montes

Advogada, *Compliance Officer* e *Data Protection Officer*, com especialização em Direito e Processo do Trabalho pela Universidade Presbiteriana Mackenzie e em Direito Corporativo e *Compliance* pela Escola Paulista de Direito. Especialista anticorrupção CPC-A pela LEC (*Legal, Ecthis & Compliance*). Certificada *Data Protection Officer* pela instituição internacional EXIN e cursando pós-formação DPO. Associada ao *Compliance Women Committee* e Membro do Comitê Jurídico da Associação Nacional dos Profissionais de Privacidade de Dados (ANPPD). Atuante e influenciadora no processo de implantação e disseminação dos programas de aculturamento e treinamento de *Compliance* e Privacidade de Dados.

Davis Alves

Presidente da Associação Nacional dos Profissionais de Privacidade de Dados (ANPPD), ITIL, Expert, DPO, CISO, Ethical Hacker, Oficial do EXIN & PeopleCert. Atuou em diversas empresas por mais de 15 anos como Administrador de Redes de Computadores especializado em Segurança da Informação & Ethical Hacker no Brasil e exterior. Pesquisador e palestrante em diversos eventos científicos internacionais relacionados com TI Verde & GDPR na Espanha, Holanda e Estados Unidos, tendo seus estudos publicados nesses países. É referência em TI no Brasil, formando mais de 5.000 profissionais de tecnologia, além de um dos primeiros DPOs no país da área de Segurança da Informação.

Flávia Alcassa

Advogada, sócia do escritório Alcassa & Pappert, especializada em Direito Digital Corporativo. Membro do comitê jurídico da Associação Nacional dos Profissionais de Privacidade de Dados (ANPPD), certificada pela EXIN Privacy and Data Protection, Proteção de dados, Segurança Digital e Contratos pela FGV. Colunista, instrutora de cursos e palestras. Membro convidada do Privacy for Peaple.

Mariane Nunes

É advogada há 20 anos, atualmente gestora do departamento jurídico-financeiro de Indústria Química Multinacional no setor do Agronegócio. Possui MBA em Gestão de Agronegócio pela ESALQ/USP. É pós-graduada em Direito Tributário e Direito Contratual, ambas pela Escola Paulista de Direito (EPD). Graduada em Direito pela Universidade São Judas Tadeu. Possui treinamentos em cursos avançados de Proteção de Dados autorizados pela EXIN (*Privacy and Data Protection Practitioner* – PDPP, *Privacy & Data Protection Foundation* – PDPF, *Privacy and Data Protection Essentials* – PDPE). É certificada pela EXIN em ISFS – Information Security Foundation based on ISO 27001. É membro do Comitê Jurídico da Associação Nacional dos Profissionais de Privacidade de Dados (ANPPD). Atuante e influenciadora da Lei Geral de Proteção de Dados Pessoais no setor do Agronegócio.

Mirian Esquarcio

Prestadora de serviços como DPO *as a service*. Consultoria para análise e implementação de Projeto de Privacidade de Dados em aderência à LGPD. Consultoria para implementação de projetos de GRC (Governança, Risco e *Compliance*); Consultoria para mapeamento, implementação de projetos de governança de processos (Itil, Cobit e ISO 20.000, Lean Six Sigma, ISO 38500). Consultoria para Projetos de Segurança da Informação e Privacidade de Dados (ISO 27001, 27005 e 27701). Coordenadora no Comitê de Conteúdo da Associação Nacional dos Profissionais de Privacidade de Dados (ANPPD).

Nadia Guimarães

Possui amplo conhecimento nas áreas de TI, gestão empresarial, marketing e de pessoas, com mais de 25 anos de experiência. Em 2005, idealizou a unidade de negócios do Grupo Daryus, a Daryus Educação, que é especializada em cursos de pós-graduação nas áreas de Gestão, Tecnologia e Comunicação. Hoje, atua como *Chief Operation Officer* (COO) do Grupo. Com mestrado em TI pelo Centro Paula Souza, também é pós-graduada em Qualidade e Produção Empresarial: Logística e Gestão de Processos pelo Instituto de Pesquisas Nucleares da USP (IPEN) e em Consultoria para Pequenas e Médias Empresas pela PUC-SP.

Raphael Amar

Advogado. Coordenador Jurídico. Especialista no tema de privacidade e proteção de dados pessoais. Profissional certificado pela EXIN (PDPE e PDPF). Pós-graduado (*Master of Legal Law*) em Direito Corporativo pela IBMEC/RJ. Pós-graduando em Direito Digital e Proteção de Dados pela EBRADI. Membro da Comissão de Proteção de Dados e Privacidade da Ordem dos Advogados do Brasil (OAB/RJ).

Umberto Correia

CEO do Portal do Treinamento. Vice-presidente da Associação Nacional dos Profissionais de Privacidade de Dados (ANPPD). Membro do Comitê Diretivo e Membro Fundador de Governança da Segurança da Informação. Especialista em Processos e Governança de TI, DPO. Professor da Universidade Mackenzie. Larga experiência com a abordagem Lean IT, modelos ITIL e Cobit e normas ISO 20000 e 27001. Vivência em Agile e Segurança da Informação. Atuação em projetos e treinamentos. Certificações: ITIL, Expert v3 e ITIL 4 Managing Professional, Cobit, ISO 20000/27001, Scrum Master, PO, Cloud, Lean IT e Management 3.0.

Apresentação da obra

A Lei Geral de Proteção de Dados Pessoais (LGPD), Lei n. 13.709, foi sancionada em agosto de 2018, seguindo uma tendência mundial, principalmente após a vigência do Regulamento Geral Europeu (RGPD) e sua forte atuação não apenas no Espaço Econômico Europeu, mas em todo o mundo. Além disso, a própria Organização para a Cooperação e Desenvolvimento Econômico (OCDE) já se manifestou no sentido de exigir uma proteção de dados mais eficiente, séria e eficaz.

No Brasil, a LGPD entrou em vigor em 18 de setembro de 2020 e vem sendo discutida em diversos fóruns, inclusive judicialmente. Esse é o tema da vez!

Proteção de dados é essencial para o alcance da privacidade das pessoas, assunto que, atualmente, tem sido muito debatido devido à utilização cada vez maior de dados pessoais para definição de estratégias empresariais e administrativas pelo setor público. Além disso, trata-se de um direito fundamental reconhecidamente previsto em nossa Constituição Federal.

Com a criação e a efetivação da Autoridade Nacional de Proteção de Dados (ANPD) e a recente publicação do seu planejamento estratégico para 2021-2023, certamente a temática da proteção de dados irá se propagar com ainda mais força, obrigando todas as pessoas a buscarem informações a respeito para a adequação necessária, sob pena de não apenas se sujeitarem às suas sanções administrativas, como também sofrerem danos decorrentes de judicializações por parte dos titulares de dados, exigindo a observância de seus direitos legais.

Para não correr o risco de banalizar o tema de tamanha importância mundial, a ponto de enfraquecer a lei e seus objetivos, se faz necessário conscientizar não só as organizações que realizam tratamento de dados, mas também os titulares, sobre os seus direitos legais.

Esta obra vem ao encontro desse propósito: busca conscientizar a respeito de como a lei de proteção de dados brasileira irá impactar relacionamentos rotineiros das pessoas (físicas e jurídicas), formalizados por meio de contratos que, por sua vez, consistem em documentos que fazem parte do nosso dia a dia. Isso porque necessitamos de contratos para comprar, vender, alugar, financiar, emprestar, arrendar algo. Necessitamos de contratos para questões trabalhistas, questões relacionadas ao consumo e, até mesmo, familiares. O contrato, sem sombra de dúvidas, é o instrumento mais utilizado pelas pessoas (físicas e jurídicas) e, como todas as coisas, precisará se adequar ao texto da lei, observando maior rigor no que concerne aos dados nele inseridos, servindo como forte instrumento garantidor da lei.

Não há, até então, obras com esse foco, e os autores buscaram tratar da temática de forma bem simplificada, reconhecendo que a LGPD não se aplica apenas para profissionais do direito, possibilitando fácil compreensão e assimilação do seu conteúdo.

Com a entrada em vigor da LGPD, as judicializações por parte dos titulares de dados (exigindo o cumprimento dos seus direitos) e a atuação da ANPD, a busca por obras que falem sobre esse assunto só tende a crescer e, quanto mais simples e objetiva for, melhor será o seu alcance. Esta foi a ideia basilar na elaboração da obra pelas coordenadoras.

Importante: isenção de responsabilidade dos autores

Os textos desta obra servem como base de inspiração para consulta e estudos, não representando, de forma alguma, aconselhamento jurídico ou técnico, sendo apenas possíveis abordagens baseadas na LGPD e boas práticas para a temática com finalidades acadêmicas.

As informações contidas neste livro não se destinam a aconselhar técnica ou juridicamente, mas sim a abordar as noções básicas com cuidados jurídicos, técnicos e administrativos.

Certos conceitos e abordagens podem não se aplicar a todos os países ou a todas as organizações, devendo ser analisados especificamente em cada realidade, contexto e demanda. Para isso, recomenda-se a contratação de profissionais específicos para o bom atendimento de sua necessidade.

O tema vem sendo consolidado, então, além desta obra, busque saber mais se há alguma atualização legislativa ou novas orientações administrativas, como as emitidas pela ANPD e outras representações setoriais.

É permitida a transcrição de trechos desta obra, desde que mencionada a autoria, sempre com as coordenadoras e o(a) autor(a) do capítulo do qual foi extraído o trecho transcrito. Por exemplo: "Lima, A.; Samaniego, D.; Baronovsky, T.; [autor(es) do capítulo em questão]; *et al.* (2021). LGPD para Contratos: adequando contratos e documentos à Lei Geral de Proteção de Dados. São Paulo, São Paulo, Brasil: SaraivaJur. ISBN: 978-65-5559-768-4".

1. ELEMENTOS ESSENCIAIS EM CONTRATOS

Adrianne Lima
Thainá Baronovsky
Daniela Samaniego

Ao analisarmos as relações contratuais, devemos nos ater à expressão "relação contratual". "Relação", por si só, significa a conexão existente entre uma coisa e outra; por sua vez, "relação contratual" significa a instituição de um vínculo contratual estabelecido por um acordo de duas ou mais vontades, na conformidade da ordem jurídica, destinado a estabelecer uma regulamentação de interesses entre as partes.

O contrato é a materialização de um negócio jurídico, ou seja, quando o ser humano usa de sua manifestação de vontade com a intenção precípua de gerar efeitos jurídicos, a expressão dessa vontade constitui-se em um negócio jurídico.

Ao interpretarmos ou elaborarmos um contrato com normas de proteção de dados, é imprescindível cumprir com as normas gerais de contratos, sendo que as regras gerais do direito contratual são as mesmas para todos os negócios jurídicos.

O Código Civil é um norte de interpretação jurídica nas relações contratuais que envolvam a proteção de dados pessoais; em verdade, a Lei n. 13.709/2018 – Lei Geral de Proteção de Dados Pessoais (LGPD) possui lacunas a respeito de alguns conceitos.

Além disso, toda manifestação de vontade nos contratos deverá acompanhar a necessária responsabilidade na atuação do contratante, derivada do respeito a normas superiores de convivência, com assento na própria Constituição da República. Em uma perspectiva civil-constitucional, devemos ter em conta que o contrato apenas se afirma socialmente se interpretado com diversas outras normas.

ALCANCE

A Lei Geral de Proteção de Dados Pessoais está demasiadamente ligada aos contratos, isso porque todas as pessoas físicas ou jurídicas, que possuam contratos ligados às cláusulas de proteção de dados pessoais de uma das partes, precisarão alterá-los conforme a LGPD, por exemplo, nos contratos de trabalho, nos contratos entre fornecedores e todos os outros contratos que envolvam tratamento de dados pessoais.

Nas relações contratuais, é importante observar e interpretar um conjunto de leis. Assim como uma lei carece de interpretação, não é diferente com a LGPD. Uma lei, para alcançar o seu ápice de interpretação, requer a observância de outras normas.

A título de exemplo, no caso dos contratos de trabalho, quando envolver tratamento de dados, a LGPD não regulamentou especificamente a relação dos empregados e empregadores, sendo assim, deve-se interpretar as normas da Lei Geral de Proteção de Dados Pessoais em conjunto com a Consolidação das Leis do Trabalho (CLT) e a Constituição Federal.

Diante dessas considerações, é importante observarmos a Lei Geral de Proteção de Dados Pessoais em conjunto com as outras normas vigentes do direito brasileiro.

Além da alteração dos contratos vigentes e da elaboração dos contratos futuros com cláusulas de proteção de dados, uma das bases legais é a da execução do contrato.

OBJETO

Um conceito importante que devemos relembrar ao elaborar cláusulas de proteção de dados é o objeto do contrato. O contrato gera para as partes uma obrigação ou uma série de obrigações. Desse modo, não coincide a noção da obrigação com a de objeto do contrato.

O objeto sobre o qual recai a vontade dos contratantes deve ser determinado. Não é possível, por exemplo, obrigar o Encarregado pelo Tratamento de Dados Pessoais a exercer alguma atividade de forma indeterminada. Por vezes, o objeto não é determinado no nascimento do contrato, mas deve ser determinável em seu curso.

O objeto de um contrato deve ser possível. Essa possibilidade deve ser tanto física quanto jurídica. A impossibilidade jurídica encontra obstáculo no ordenamento: é impossível, por exemplo, contratar pessoa menor de idade para prestar o serviço de Encarregado pelo Tratamento de Dados Pessoais, sendo que há proibição legal.

O objeto do contrato deve ser lícito. Não deve contrariar a lei e os bons costumes. Dessa forma, não é lícito um contrato de contrabando, nem moral um contrato que obrigue uma pessoa a manter-se em ócio, sem trabalhar.

O descumprimento do contrato e as suas consequências, em razão da não observância dos requisitos legais, poderão gerar ou não o dever de indenizar, dependendo se era ela previsível ou conhecida (portanto, com a ocorrência de culpa), ou não (quando se estaciona na força maior ou no caso fortuito).

Importante frisar que, no contrato de prestação de serviço em que o prestador de serviço é o Encarregado pelo Tratamento de Dados Pessoais, este deverá agir em conformidade com a Política de Segurança da Informação da contratante, ou seja, além da observância de outras normas nos contratos, é necessário estabelecer no contrato regras de aderência às políticas, manuais e códigos já existentes na empresa.

A FUNÇÃO SOCIAL DO CONTRATO

A função social do contrato é uma norma tão importante aos contratos que vem enunciada já no primeiro artigo do Código Civil, que inaugura as disposições sobre os contratos em geral, conforme o art. 421: "A liberdade contratual será exercida nos limites da função social do contrato".

No mesmo artigo, a lei preceitua que os contratos serão elaborados de acordo com a autonomia da vontade das partes e nos seus interesses, mas que essas estipulações ficam limitadas pelo interesse social (freio da função social, conforme Sílvio Venosa[1]), ou seja, ao mesmo tempo que trouxe o conteúdo dos contratos, a lei tratou também de fixar seus limites, sendo que, caso sejam violados esses limites, a situação poderá ser decidida judicialmente.

---

1 VENOSA, Sílvio de Salvo. *Direito civil:* teoria geral das obrigações e teoria geral dos contratos. 16. ed. rev. e atual. São Paulo: Atlas, 2016. v. II.

Contudo, o conceito de função social do contrato é bastante aberto e indeterminado, sendo difícil fornecer uma definição teórica. Conforme apontam Pablo Stolze e Rodolfo Pamplona Filho: "Sem pretendermos exaurir esforços na hercúlea tarefa de definir a função social do contrato, ela poderá, por outro lado, ser delimitada no espaço jurídico de atuação em que se projeta"[2].

E prosseguem os autores com um exemplo tangível:

> Imagine-se, por exemplo, que se tenha pactuado um contrato de *engineering* (para a instalação de uma fábrica). Mesmo que o negócio pactuado seja formalmente perfeito (agente capaz, objeto lícito, forma prescrita ou não defesa em lei etc.), se a legislação ambiental ou de segurança no trabalho, por exemplo, houver sido violada, tal avença não haverá respeitado a sua função social, não devendo ser chancelada pelo Poder Judiciário[3].

Dessa forma, devemos nos perguntar como a função social do contrato seria atingida no tema de proteção de dados pessoais.

Se considerarmos que a LGPD nasceu de uma demanda social, ou seja, de um conjunto de situações que ocorriam de fato e não tinham o amparo legal adequado (como a maioria das legislações setoriais) quanto ao tratamento de dados pessoais de titulares, bem como pelo seu caráter de lei específica (que não afasta a aplicação de outras leis, mas as complementa com suas próprias normas no seu tema específico), concluiremos que a função social do contrato, no que tange à proteção de dados, será cumprida quando observada e aplicada a LGPD.

Em geral, para concretizar a observância à função social do contrato quanto à proteção de dados, basta adicionar e rever as cláusulas de um contrato para se adequarem à LGPD.

Assim, temos que a própria LGPD trouxe em suas normas, mormente no arcabouço de seus princípios, um manual de como atingir e observar a função social do contrato no tocante à proteção de dados de terceiros.

---

2 GAGLIANO, Pablo Stolze; PAMPLONA FILHO, Rodolfo. *Manual de direito civil:* volume único. São Paulo: Saraiva, 2017. p. 398.

3 GAGLIANO, Pablo Stolze; PAMPLONA FILHO, Rodolfo. *Manual de direito civil*: volume único. São Paulo: Saraiva, 2017. p. 398.

Isso porque podemos identificar que, em um contrato de prestação de serviços, o objeto do contrato ou as atividades necessárias para atingir seu objetivo envolvam o tratamento ou o contato com dados de terceiros titulares não participantes da relação jurídica contratual, e, assim, ao ter potencial de impacto sobre terceiros, verifica-se que, quanto à proteção de dados, a função social do contrato restará cumprida se observada a LGPD.

Conforme identificados por Pablo Stolze e Rodolfo Pamplona Filho, os deveres de informação e confidencialidade nos contratos são concepções modernas da função social dos contratos[4].

Outrossim, tendo em vista que o contrato é um instrumento de desenvolvimento econômico, a função social do contrato sopesa a noção de ganho econômico com a de ganho social, isto é, deve-se buscar o avanço da economia e a geração de riquezas, mas não a qualquer custo, tampouco de forma irresponsável, sendo necessário observar boas práticas que não apenas não causem dano social, mas que elevem o patamar de desenvolvimento social.

Vejamos: no citado exemplo do contrato de prestação de serviços que envolva o contato com dados pessoais de terceiros, o desenvolvimento econômico ocorrerá com o atingimento do objetivo do contrato, que gerará ganhos econômicos para as partes contratantes, direta ou indiretamente, bem como também para a sociedade, com eventual pagamento de impostos e geração de empregos. Contudo, o tratamento incorreto de dados pessoais de terceiros pode gerar dano para os seus titulares (que podem ser parcela considerável da sociedade). Assim, conforme a moderna concepção de função social dos contratos, não é aceitável proceder-se ao ganho econômico em detrimento do social, sendo que, no caso específico da proteção de dados, o postulado será atendido se observados os preceitos da LGPD.

Exemplificando um potencial dano social: digamos que duas empresas firmaram um contrato de prestação de serviços para a elaboração e a manutenção de um sítio eletrônico para captação de clientes de contratação de serviços.

Nesse exemplo, de um lado desse contrato está a empresa A, contratante, que auferirá lucros vendendo seus serviços por meio da plata-

4 GAGLIANO, Pablo Stolze; PAMPLONA FILHO, Rodolfo. *Manual de direito civil: volume único*. São Paulo: Saraiva, 2017. p. 398.

forma; e de outro está a empresa B, contratada, que auferirá lucros vendendo a elaboração e a manutenção do portal eletrônico.

Digamos que a empresa B, visando o máximo lucro e o menor custo, não implemente medidas de proteção na plataforma capazes de garantir ou mitigar a inviolabilidade de dados, pois assim não estava obrigada.

Se um terceiro C, potencial cliente da empresa A, informar seus dados na plataforma de contratação remota, esses dados vazarem para estelionatários e C sofrer um golpe, haverá dano social, não só imediatamente para C, mas para a sociedade que, além de gastar recursos com a persecução penal, terá menor disponibilidade financeira, ante os recursos que C deixará de gastar, pois teve seu patrimônio diminuído injustamente, além de seus dados pessoais serem de conhecimento de criminosos.

Tornados mais claros o limite e o atingimento da função social do contrato quanto à proteção de dados pessoais, é importante destacar que, além das normas da LGPD, a função social do contrato tem fundamento legal e/ou está prevista nos seguintes artigos: art. 421 do Código Civil; arts. 1º, III, 3º, I, 5º, *caput*, XXII e XXIII, e 170, III, todos da Constituição Federal.

Assim, a não observância à função social do contrato pode gerar o dever de indenização a eventual prejudicado, bem como eventual ação do Ministério Público por dano difuso ou coletivo, ainda que não haja prejudicados individualizados, perante o Poder Judiciário.

DEMAIS PRINCÍPIOS BASILARES

Importa destacar que **os princípios são verdadeiros "nortes" de interpretação da norma**. É um valor social que surge, cresce e amadurece na sociedade, momento em que passa a ganhar relevância. Na mesma medida em que pode surgir, o princípio pode deixar de ser aceito na sociedade.

Conforme o ilustre Miguel Reale: "Princípios são, pois verdades ou juízos fundamentais, que servem de alicerce ou de garantia de certeza a um conjunto de juízos, ordenados em um sistema de conceitos relativos à dada porção da realidade"[5].

---

5 REALE, Miguel. *Filosofia do direito*. 11. ed. São Paulo: Saraiva, 1986. p. 60.

Como qualquer legislação, os princípios mostram-se presentes e passam a ser o vetor interpretativo e as vigas mestras de todas as demais normas ali presentes. São eles que norteiam situações do cotidiano, situações estas que, embora não materializadas em um dispositivo, estão protegidas indiretamente por princípios.

Não será diferente com a Lei Geral de Proteção de Dados Pessoais, que, como lei incipiente, demonstrará diversos casos que necessitarão dos princípios e estes serão os principais instrumentos de interpretação para aquelas situações extraordinárias, como é o caso da pandemia provocada pela Covid-19. Além da observância dos princípios da LGPD, precisamos entender os Princípios Gerais dos Contratos, que são:

a) autonomia da vontade;

b) força obrigatória dos contratos;

c) relatividade dos contratos;

d) boa-fé nos contratos.

Um resumo prático sobre os princípios supramencionados:

- a autonomia da vontade está materializa na liberdade de contratar e na liberdade de estabelecer uma relação jurídica contratual;
- a força obrigatória dos contratos significa que o contrato válido e eficaz deve ser cumprido pelas partes: *pacta sunt servanda.* O acordo de vontades faz lei entre as partes;
- a relatividade dos contratos tem por base o fundamento de que terceiros não envolvidos na relação contratual não estão submetidos ao efeito deste;
- a boa-fé nos contratos está ligada ao dever das partes de agir de forma correta, eticamente aceita, antes, durante e depois do contrato. Isso porque, mesmo após o cumprimento de um contrato, podem sobrar-lhes efeitos residuais.

OS ELEMENTOS ESSENCIAIS DE UMA RELAÇÃO CONTRATUAL

No art. 104 do Código Civil são encontrados os elementos essenciais do negócio jurídico: agente capaz, objeto lícito e forma prescrita ou não proibida pela lei. No contrato, esses elementos podem ser vistos pelo prisma genérico dos negócios jurídicos: são nulos os contratos a que faltar qualquer dos elementos essenciais genéricos.

Ao elaborar um contrato com cláusulas de proteção de dados, além de observar a Lei Geral de Proteção de Dados Pessoais, é necessário visualizar se todos os elementos essenciais de uma relação contratual estão presentes, ainda que o contrato seja para firmar a prestação de serviço do Encarregado pelo Tratamento de Dados Pessoais.

Cada contrato, porém, pode requerer outros elementos essenciais, específicos de sua natureza, por exemplo, no contrato de compra e venda são elementos essenciais específicos: a coisa, o preço e o consentimento (há outros contratos que também necessitam desses elementos); e o essencial para o contrato de depósito é a entrega da coisa ao depositário e assim por diante.

Exemplificando:

ELEMENTOS ESSENCIAIS

1. Agente capaz;
2. Objeto lícito;
3. Forma prescrita ou não proibida pela lei.

ELEMENTOS ESPECÍFICOS

1. Observar as bases legais da LGPD;
2. Observar os princípios da LGPD;
3. Observar regras de responsabilidade estabelecidas pela LGPD.

2. RESPONSABILIDADE CIVIL NA LGPD: SUBJETIVA OU OBJETIVA?

Adrianne Lima
Thainá Baronovsky

No tocante às cláusulas gerais da responsabilidade, precisamos entender a diferença entre a responsabilidade subjetiva e a objetiva para materializarmos nos contratos, mais precisamente, na Cláusula "Da responsabilidade".

O Direito e, em especial, o direito das obrigações impõem deveres de conduta. Algumas definições são importantes para compreendermos a responsabilidade de cada profissional, como a diferença entre responsabilidade civil objetiva e responsabilidade civil subjetiva:

RESP. CIVIL OBJETIVA	RESP. CIVIL SUBJETIVA
Independe da prova de **culpa**; há verdadeira presunção de culpabilidade do agente.	**Depende** da prova de **culpa** ou dolo do agente que praticou o ato.

A Lei Geral de Proteção de Dados Pessoais (LGPD) tratou do tema na Seção III da referida lei, nos arts. 42 e 43. A lei instituiu regras para reparação de dano patrimonial, moral, individual ou coletivo, praticados por controladores ou operadores, em detrimento de titulares de dados pessoais.

No entanto, o legislador foi omisso sobre qual seria a teoria adequada para a responsabilização daqueles que violarem as normas de proteção de dados, sendo assim, a interpretação deve ser feita com base em uma análise jurídica, histórica e principiológica.

Vejamos o que dispõe o art. 42 do referido diploma legal:

> Art. 42. O controlador ou o operador que, em razão do exercício de atividade de tratamento de dados pessoais, causar a outrem dano patrimonial, moral, individual ou coletivo, em violação à legislação de proteção de dados pessoais, é obrigado a repará-lo.
>
> § 1º A fim de assegurar a efetiva indenização ao titular dos dados:
>
> I – o operador responde solidariamente pelos danos causados pelo tratamento quando descumprir as obrigações da legislação de proteção de dados ou quando não tiver seguido as instruções lícitas do controlador, hipótese em que o operador equipara-se ao controlador, salvo nos casos de exclusão previstos no art. 43 desta Lei;
>
> II – os controladores que estiverem diretamente envolvidos no tratamento do qual decorreram danos ao titular dos dados respondem solidariamente, salvo nos casos de exclusão previstos no art. 43 desta Lei.
>
> § 2º O juiz, no processo civil, poderá inverter o ônus da prova a favor do titular dos dados quando, a seu juízo, for verossímil a alegação, houver hipossuficiência para fins de produção de prova ou quando a produção de prova pelo titular resultar-lhe excessivamente onerosa.
>
> § 3º As ações de reparação por danos coletivos que tenham por objeto a responsabilização nos termos do *caput* deste artigo podem ser exercidas coletivamente em juízo, observado o disposto na legislação pertinente.
>
> § 4º Aquele que reparar o dano ao titular tem direito de regresso contra os demais responsáveis, na medida de sua participação no evento danoso.

Conforme se pode observar, o legislador mencionou no art. 42 a responsabilidade dos envolvidos nas operações de tratamento de dados pessoais, apontando de forma explícita a possibilidade da reparação dos danos patrimonial, moral, individual e coletivo.

É certo que, à primeira vista, a LGPD se inclina para a responsabilidade civil de ordem subjetiva, uma vez que não há menção sobre o risco da prova. O art. 43, por sua vez, traz hipóteses excludentes de responsabilidade:

> Art. 43. Os agentes de tratamento só não serão responsabilizados quando provarem:

> I – que não realizaram o tratamento de dados pessoais que lhes é atribuído;
>
> II – que, embora tenham realizado o tratamento de dados pessoais que lhes é atribuído, não houve violação à legislação de proteção de dados; ou que o dano é decorrente de culpa exclusiva do titular dos dados ou de terceiro.

O inciso III do art. 43 demonstra que a indicação do culpado, seja o titular do dado, o controlador ou o operador, seria um fator indispensável para a caracterização do dano. Contudo, a própria lei não declara expressamente qual seria a responsabilidade. Enquanto a Autoridade Nacional de Proteção de Dados (ANPD) não regulamentar tal aplicação, caberá ao operador de direito utilizar a hermenêutica jurídica para a compreensão legal.

Adiante, o art. 45 demonstra que, ao tratar dados em situações de relação de consumo, aplica-se o Código de Defesa do Consumidor (CDC): "As hipóteses de violação do direito do titular no âmbito das relações de consumo permanecem sujeitas às regras de responsabilidade previstas na legislação pertinente".

O CDC é claro sobre a adoção do instituto da responsabilidade civil objetiva, conforme previsto nos arts. 12 e 14. Sendo assim, independentemente da prova de culpa, há verdadeira presunção de culpabilidade do agente:

> Art. 12. O fabricante, o produtor, o construtor, nacional ou estrangeiro, e o importador respondem, independentemente da existência de culpa, pela reparação dos danos causados aos consumidores por defeitos decorrentes de projeto, fabricação, construção, montagem, fórmulas, manipulação, apresentação ou acondicionamento de seus produtos, bem como por informações insuficientes ou inadequadas sobre sua utilização e riscos.
>
> Art. 14. O fornecedor de serviços responde, independentemente da existência de culpa, pela reparação dos danos causados aos consumidores por defeitos relativos à prestação dos serviços, bem como por informações insuficientes ou inadequadas sobre sua fruição e riscos.

Sendo assim, será aplicada a responsabilidade civil objetiva nos casos que envolverem relação de consumo. A título exemplificativo, explanamos duas situações para identificarmos a responsabilidade dos agentes de tratamento:

Exemplo 1:

João tem interesse em adquirir um veículo que ainda não foi lançado. Para tanto, é necessário se inscrever na pré-venda no site da fabricante e ele deverá fornecer seus dados pessoais para participar. Se, por algum motivo, os dados vazarem e ficar comprovado que tal vazamento ocorreu em razão desse cadastro, além das consequências previstas na LGPD, como se trata de uma relação de consumo pré-contratual, há também a incidência das normas do CDC.

RESPONSABILIDADE: nesse caso, há uma relação de consumo, sendo a responsabilidade OBJETIVA (**independe** da prova de **culpa**; há verdadeira presunção de culpabilidade do agente).

Exemplo 2:

A empresa X fornece o serviço de intermediação entre pessoas que buscam emprego e potenciais empregadores. Para tanto, recebe currículos de forma eletrônica e física, bem como cadastro com os dados pessoais dos titulares que buscam colocação no mercado de trabalho. Caso os dados vazem, como não há relação de consumo, haverá incidência apenas da LGPD.

RESPONSABILIDADE: nesse caso, não há uma relação de consumo, sendo a responsabilidade SUBJETIVA (**depende** da prova de **culpa** ou dolo do agente que praticou o ato).

DA RESPONSABILIDADE SOLIDÁRIA

A Lei Geral de Proteção de Dados Pessoais traz hipóteses de responsabilidade solidária do operador ao controlador. Vejamos:

a) Há responsabilidade solidária do operador quanto este descumpre a lei, ou age em desacordo com as ordens do controlador (inciso I do § 1º do art. 42).

b) Há responsabilidade solidária entre os controladores quando estes estiverem diretamente envolvidos no tratamento do qual decorreram danos ao titular dos dados, salvo nos casos de exclusão previstos no art. 43 (inciso II do § 1º do art. 42).

A identificação da controladoria ou controladoria conjunta (corresponsabilidade) será contextual e apenas o caso concreto permitirá identificar em que casos a controladoria conjunta foi estabelecida. Uma vez que se configure, a responsabilidade dos controladores conjuntos será solidária.

Por isso, tanto para quem está do lado do controlador, como para quem está do lado do operador, vale ter em seu contrato, de maneira explícita e inequívoca, o tratamento a ser realizado. Quando da revisão contratual, é recomendável a avaliação de quais são as responsabilidades de cada parte desde a coleta até a eliminação dos dados pessoais: medidas técnicas e organizacionais, certificações de empregados, subcontratações, responsabilidades em caso de violações etc.

3. QUANDO OCORRE A EXTINÇÃO DO CONTRATO

Thainá Baronovsky

O termo "extinção" poderá ser substituído por expressões como "dissolução" ou "desfazimento" do contrato, por considerá-las equivalentes. O tema está previsto no Código Civil, mais precisamente no Capítulo II do Título V ("Dos Contratos em Geral).

Sobre a forma de extinção do contrato, Carlos Roberto Gonçalves elucida: "A extinção dá-se, em regra, pela execução, seja instantânea, diferida ou continuada. O cumprimento da prestação libera o devedor e satisfaz o credor. Este é o meio normal de extinção do contrato"[1].

De forma sucinta, a extinção do contrato pode ocorrer de forma normal, em que o devedor executa a prestação e o credor cumpre. Há também a hipótese de extinção antes do seu cumprimento, caracterizada por motivos anteriores a sua celebração ou no decorrer do seu cumprimento, como também pela morte de uma das partes celebrantes.

DA EXTINÇÃO NATURAL DO CONTRATO

Sob a denominação "extinção natural do contrato", reunimos algumas situações em que a relação contratual se dissolve pela verificação de uma circunstância prevista pelas partes e tida como razoavelmente esperada.

---

1 GONÇALVES, Carlos Roberto. *Direito civil brasileiro*. 9. ed. São Paulo: Saraiva, 2018. p. 180.

A exemplificação mais óbvia é, indubitavelmente, a do regular cumprimento do contrato, mas não se limita a ela, uma vez que, por força da disciplina normativa do negócio jurídico, podem as partes estabelecer elementos de eficácia que limitam a produção de efeitos do contrato, possibilitando sua extinção[2].

Uma das hipóteses para a extinção de um contrato, independentemente de seu regular e/ou integral cumprimento, é o advento de um termo.

Podem as partes, por exemplo, celebrar contratos sem a prefixação de um prazo. Um exemplo prático é o contrato de emprego, que encontra respaldo legal no princípio da continuidade da relação de emprego, ou seja, presume-se a duração indeterminada, sendo que, para ser extinto, impõe, em regra, a concessão de um aviso prévio.

Pablo Stolze e Rodolfo Pamplona Filho ainda pontuam que, além de um evento certo quanto à ocorrência, como é o caso do termo, podem as partes estipular, querendo, que a duração do contrato seja limitada à ocorrência de um evento futuro e incerto: a condição. Trata-se, no caso, do implemento de uma condição resolutiva. Assim, caso seja celebrado um contrato, cuja eficácia esteja submetida a uma condição, o implemento de tal evento gerará a sua extinção automática[3].

Embora não seja tecnicamente uma hipótese de extinção natural do contrato, a frustração da condição suspensiva pode também gerar a extinção contratual, a depender da forma do contrato. Logo, se, por exemplo, Paulo estabelece que vai entregar determinado bem a Jorge, se ganhar na loteria, enquanto não se realizar tal fato, o contrato, embora existente e válido, não produz efeitos, sendo suspensa sua execução.

Ao analisarmos um contrato que contenha cláusulas de proteção de dados, mais uma vez, deverão ser observadas todas essas regras do Código Civil. O legislador não tratou sobre esse tema especificamente na Lei Geral de Proteção de Dados Pessoais.

Além da adequação aos contratos e do emprego de medidas tecnológicas no ambiente interno das empresas, é fundamental a elaboração e revisão dos demais documentos exigidos pela lei.

---

2 GAGLIANO, Pablo Stolze; PAMPLONA FILHO, Rodolfo. *Manual de direito civil:* volume único. São Paulo: Saraiva, 2017. p. 464.

3 GAGLIANO, Pablo Stolze; PAMPLONA FILHO, Rodolfo. *Manual de direito civil:* volume único. São Paulo: Saraiva, 2017. p. 465.

4. CONCEITOS E COMENTÁRIOS À LGPD

Thainá Baronovsky

ORIGEM

A regulamentação sobre proteção de dados auferiu relevância após o desenvolvimento das tecnologias e o contexto social que facilitava a utilização de informações pessoais sem regras preestabelecidas de como coletar e processar essas informações.

Embora o direito à proteção de dados pessoais esteja acostado ao direito à privacidade, não se pode dizer que são direitos semelhantes. O direito à proteção de dados pessoais tem sua autonomia própria, trata-se de um "novo" direito da personalidade.

O direito à privacidade se compreende como o direito de ser deixado só[1], de estar a salvo de interferências na sua vida privada. Por outro lado, o direito à proteção de dados pessoais protege e compreende o controle sobre as informações pessoais.

O direito à privacidade e o direito à proteção de dados pessoais estão positivados na Constituição Federal, em seu art. 5º, X. Importante frisar que o direito à proteção de dados pessoais como direito fundamental na Constituição Federal é extremamente recente.

---

1 BULOS, Uadi Lammêgo. *Curso de direito constitucional*. São Paulo: Saraiva, 2008. p. 431.

Em 2019, surgiu uma Proposta de Emenda à Constituição (PEC n. 17/2019) com a finalidade de incluir a proteção de dados pessoais na lista das garantias individuais da Constituição Federal[2].

O Supremo Tribunal Federal (STF), nos dias 5 e 6 de maio de 2020, reconheceu a existência do Direito Fundamental à Proteção de Dados Pessoais como uma garantia fundamental. E somente no dia 10 de fevereiro de 2022 o Congresso Nacional promulgou a proposta de Emenda à Constituição (EC n. 115), a qual teve origem na Proposta de Emenda à Constituição n. 17/2019. A emenda inclui a proteção de dados pessoais entre os direitos fundamentais do cidadão, sendo expresso no art. 5º, que trata dos direitos individuais e coletivos, o novo trecho diz ser "assegurado, nos termos da lei, o direito à proteção dos dados pessoais, inclusive nos meios digitais".

A inclusão torna a proteção de dados pessoais cláusula pétrea – o que significa que qualquer mudança nesse tema terá de ser no sentido de ampliar e resguardar os direitos. Eventuais alterações não poderão fragilizar a proteção de dados pessoais.

Retomando os marcos históricos, antes de a lei vigorar, uma jornada se iniciou há oito anos, sendo o marco inicial em 2010. Foi nesse ano que o Ministério da Justiça lançou a primeira consulta pública de um Anteprojeto de Lei.

Após isso, escândalos de espionagem surgiram em 2013, quando Edward Snowden revelou que milhões de e-mails e ligações de brasileiros e estrangeiros em trânsito no país foram monitorados. O acontecimento colaborou para que a aprovação do Marco Civil da Internet (lei setorial de proteção de dados pessoais aplicável ao uso da internet no Brasil) acelerasse.

Em 2015, ocorreu a segunda consulta pública sobre um novo texto de lei de proteção de dados pessoais, com contribuições dos setores públicos e privados, de cidadãos e organizações não governamentais, acompanhada pelo Ministério da Justiça para elaboração da nova versão do Anteprojeto de Lei de Proteção de Dados pessoais, apresentada no dia 20 de outubro daquele ano.

Em 2016, uma Comissão Especial foi instalada para averiguar os projetos de lei na Câmara. O papel da comissão foi fundamental para

---

2 Proteção de dados pessoais deverá entrar na Constituição como direito fundamental. *Migalhas*. 3-7-2019. Disponível em: <https://www.migalhas.com.br/quentes/305569/protecao-de-dados-pessoais-devera-entrar-na-constituicao-como-direito-fundamental>. Acesso em: 8-7-2021.

que o tema obtivesse relevância; foram onze audiências públicas realizadas e um seminário internacional. Em suma, de 2012 a 2016, foram elaborados três projetos de lei:

a) PL n. 4.060/2012;

b) PL n. 5.276/2016;

c) PLS n. 330/2013.

Após o amadurecimento paulatino sobre o tema, em 2018, a importância da Lei para o aspecto econômico do país foi um dos fatos determinantes para a regulamentação, uma vez que o Brasil só se tornaria um país-membro da Organização para Cooperação e Desenvolvimento Socioeconômico (OCDE) se observasse os princípios desta, sendo que um deles é a proteção de dados pessoais.

Enfim, no dia 14 de agosto de 2018, foi sancionada a Lei n. 13.709, vigorando somente no dia 18 de setembro de 2020, sendo válidas as sanções aplicadas pela Autoridade Nacional de Proteção de Dados a partir de 1º de agosto de 2021.

Quadro-resumo do histórico da Lei Geral de Proteção de Dados Pessoais até a sanção da LGPD:

2010	2014	2015	2012 a 2016	2018	
1º Consulta Pública	Caso Snowden Marco Civil	2º Consulta Pública	PL n. 4.050/2012 PL n. 5.276/2016 PLS n. 330/2013	OCDE	No dia 14 de agosto de 2018 foi sancionada a LGPD

Fonte: Elaboração própria.

CONCEITOS LEGAIS

Para a elaboração de cláusulas que abrangem a proteção dos dados pessoais, precisamos adentrar nos conceitos primordiais da Lei. Vejamos quais são:

Titular

Pessoa física a quem se referem os dados pessoais que são objeto de tratamento. Em uma relação contratual, pode ser um empregado, um prestador de serviço, um cliente e outros.

Dados pessoais

Cabe identificar no contrato quais são os dados pessoais tratados devidos ao objeto. Por exemplo, se é uma prestação de serviços para contato a clientes e a empresa acessa nome, RG e CPF dos clientes da contratante, então esses são os dados pessoais tratados sob o âmbito do contrato e da LGPD.

Dados pessoais sensíveis

Assim como no item anterior, vale compreender se há tratamento de dados pessoais sensíveis devido ao contrato. Se sim, observe se são previstas condições de acesso ou obrigações adicionais quanto a esse tratamento.

Tratamento de dados

É comum ouvir de clientes que não realizam tratamento de dados, sob aplicação da LGPD, mas o art. 5º é abrangente. Quase todas as atividades com dados pessoais são consideradas como tratamento de dados pessoais.

Sobre esse ponto, vale compreender: quais os procedimentos que cada parte realiza no(s) processo(s) do contrato?

A partir dessa reflexão, será possível chegar a um bom entendimento para a descrição dos tratamentos realizados sob a égide da LGPD.

Agentes de tratamento

A LGPD define quem são agentes de tratamento: o controlador e o operador.

Em consequência do poder de controle sobre os procedimentos e as finalidades envolvendo o uso dos dados pessoais, a LGPD imputa maior grau de obrigações ao controlador, sendo este, inclusive, designado como responsável por determinar as diretrizes de tratamento a serem seguidas pelo operador.

O inciso II do § 2º do art. 50 da LGPD (Seção II – Das Boas Práticas e da Governança) define que o controlador deve:

> [...] demonstrar a efetividade de seu programa de governança em privacidade quando apropriado e, em especial, a pedido da autoridade nacio-

nal ou de outra entidade responsável por promover o cumprimento de boas práticas ou códigos de conduta, os quais, de forma independente, promovam o cumprimento desta Lei.

Dessa forma, é necessário definir quem é controlador e quem é operador em uma relação contratual, pois serão definidas obrigações para a implementação da governança em privacidade. Também é possível prever respostas a incidentes e a alocação de riscos, por exemplo.

Operador

Pessoa física ou jurídica, de direito público ou privado, que realiza o tratamento de dados pessoais em nome do controlador.

Uma dúvida muito comum é se o operador precisa receber instruções específicas do controlador para atuar. Entendemos que não. Imagine se o operador tivesse que consultar o controlador a cada procedimento que fosse realizar. Então, seria melhor o próprio controlador realizá-la. Nosso entendimento é de que basta o poder contratual macro, por exemplo: contate meus clientes com tal periodicidade e ofereça tais produtos, ou processe mensalmente a folha de pagamento dos meus empregados.

Controlador

Pessoa física ou jurídica, de direito público ou privado, a quem competem as decisões referentes ao tratamento de dados pessoais.

Essa pessoa possui autonomia, em relação à outra, tendo em vista os poderes estabelecidos em contrato. Por conta disso, a LGPD atribui mais obrigações, por exemplo: a definição da base legal para o tratamento de dados pessoais; a ação de medidas técnicas e organizacionais no tratamento de dados pessoais; a nomeação de Encarregado pelo Tratamento de Dados Pessoais; a garantia pelo atendimento aos direitos dos titulares de dados pessoais; e a resposta e a adoção de providências necessárias perante a Autoridade Nacional de Proteção de Dados Pessoais – ANPD.

Há ainda as figuras de cocontroladoras, ou controladoras que atuam em conjunto, tendo em vista o previsto no art. 42, II, da LGPD, caso realizem tratamento de dados pessoais com autonomia, respondendo as duas solidariamente por eventuais danos a titulares decorrentes desse tratamento de dados.

Encarregado pelo Tratamento de Dados Pessoais

Pessoa indicada pelo controlador e operador para atuar como canal de comunicação entre o controlador, os titulares dos dados e a Autoridade Nacional de Proteção de Dados (ANPD).

Importante frisar que nesse último conceito não há nenhum requisito para o exercício da função de encarregado de dados. Logo, qualquer pessoa poderá ser o encarregado de dados.

Vale observar o que prevê o art. 41 da LGPD sobre os requisitos para a nomeação do encarregado. Algumas dicas de ordem prática para o encarregado que vá atuar como:

- consultor para as organizações: indicamos a celebração de contrato com a descrição de objeto, valor, metodologia, entregáveis, prazo, condições de término antecipado, multa e formalização;
- empregado ou profissional interno: indicamos formalizar a estrutura de governança de privacidade (haverá comitê de privacidade ou de proteção de dados? Quem responderá para quem em casos de incidentes ou consultas? Quem dará suporte ao encarregado?) e quais são as atribuições cabíveis.

A nomeação do encarregado pode ser feita com a publicação de seu contato na política de privacidade constante no site.

Além de constar a nomeação do encarregado no site, também é interessante notificar clientes e parceiros de negócios sobre a nomeação, pois demonstra transparência e que a organização está com a governança em privacidade em andamento.

PRINCÍPIOS

Antes de adentrar os princípios da LGPD, precisamos compreender a importância de uma lei ter seus princípios consolidados e interligados com o teor da norma jurídica. Conforme o ilustre jurista Miguel Reale: "Princípios são, pois verdades ou juízos fundamentais, que servem de alicerce ou de garantia de certeza a um conjunto de juízos, ordenados em um sistema de conceitos relativos à dada porção da realidade"[3].

3 REALE, Miguel. *Filosofia do direito*. 11. ed. São Paulo: Saraiva, 1986. p. 60.

Como qualquer legislação, os princípios mostram-se presentes e passam a ser o vetor interpretativo e as vigas mestras de todas as demais normas ali presentes. São eles que norteiam situações do cotidiano, as quais, embora não materializadas em um dispositivo, estão protegidas indiretamente por princípios.

A respeito deles, discorre o jusfilósofo Willis Santiago Guerra Filho:

> Princípios, por sua vez, encontram-se em um nível superior de abstração, sendo igual e hierarquicamente superiores, dentro da compreensão do ordenamento jurídico como uma "pirâmide normativa" (Stufenbau), e se eles não permitem uma subsunção direta de fatos, isso se dá indiretamente, colocando regras sob o seu "raio de abrangência"[4].

Não será diferente com a Lei Geral de Proteção de Dados Pessoais, que, como lei incipiente, demonstrará diversos casos que necessitarão dos princípios, e estes serão os principais instrumentos de interpretação para aquelas situações extraordinárias.

Assim como no tratamento de dados, ao elaborar um contrato, as cláusulas de proteção de dados pessoais deverão ser norteadas pelos princípios expressos da lei.

---

4 GUERRA FILHO, Willis Santiago. *A filosofia do direito:* aplicada ao direito processual e à teoria da constituição. 2. ed. São Paulo: Atlas, 2002. p. 92.

5. COMO DEMONSTRAR O CUMPRIMENTO DE PRINCÍPIOS DA LGPD

Adrianne Lima
Thainá Baronovsky

Deve ser estabelecida a Governança em Privacidade para monitoramento da governança em privacidade pela organização, com métricas, controles, análises de riscos e mitigadores, realização de auditorias internas e/ou externas, procedimentos e registros para violação ou suspeita de violação de dados, visando também o melhoramento contínuo.

Além de cumprir a lei como um todo, a LGPD, em seu art. 6º, determina que, ao realizar tratamento de dados pessoais, os agentes de tratamento – controladores e operadores – deverão observar os princípios em suas atividades.

Como é um certo desafio traduzir os princípios para os contratos e normativos, encontram-se relacionados a seguir alguns exemplos:

- Princípio da finalidade = constar na cláusula do "Tratamento de Dados" a finalidade dos dados tratados pela pessoa física ou jurídica. Exemplo: os dados serão tratados e armazenados no ambiente X da empresa para fins de obrigação legal. Imaginemos que você tem um empregado na sua empresa e é necessário repassar informações deste para o INSS. Nessa hipótese, há uma lei que autoriza o repasse dessa informação e uma finalidade legítima.

Uma outra possibilidade é mitigar o risco de descumprir esse princípio, ao explicitar que os dados só serão utilizados para as finalidades anunciadas, além de esclarecer também na política de privacidade;

- Princípio da adequação = ligar a compatibilidade do tratamento com as finalidades informadas ao titular, de acordo com o contexto do tratamento;
- Princípio da necessidade = ao formalizar o contrato, coletar apenas os dados necessários para a elaboração desse documento, bem como ter uma política de retenção de dados e tabela de temporalidade definidas para que, assim que os dados pessoais já não sejam mais necessários, possam ser eliminados. Na política de privacidade do site, o ideal é que se tenha, de maneira clara e objetiva, a finalidade de cada dado coletado;
- Princípio do livre acesso = constar na cláusula do "Tratamento de Dados" a garantia, aos titulares, de consulta facilitada e gratuita sobre a forma e a duração do tratamento, bem como qual será o canal de comunicação com o controlador, em cumprimento aos arts. 23 e 41 da LGPD, e se o operador auxiliará o controlador com a obtenção de evidências e informações para a resposta ao titular;
- Princípio da qualidade dos dados = garantir no contrato exatidão, clareza, relevância e atualização dos dados dos titulares e como será a operacionalização disso com eventuais operadores perante titulares e o alinhamento para consistência dos dados entre o controlador e o operador;
- Princípio da transparência = já era exigível mesmo antes da LGPD, no art. 4º do Código de Defesa do Consumidor. Para que o titular consiga exercitar seus direitos e ter controle sobre os seus dados pessoais, deve ter ciência de quais deles foram coletados, como são tratados, para quais finalidades, por quanto tempo e com quem são compartilhados. Sendo assim, é necessária a transparência no tratamento de dados pessoais.

  Pode ser fornecida maior transparência relativa ao tratamento realizado, seja na Política de Privacidade, seja nos contratos, bem como na coleta do consentimento do titular;

- Princípio da segurança = demonstrar no contrato que a pessoa física ou jurídica adota medidas técnicas e administrativas aptas a proteger os dados pessoais do objeto do contrato. Devem ser ratificadas com os demais agentes de tratamento de que esses também adotam medidas eficazes, tendo em vista os princípios de segurança e prevenção previstos na LGPD. Após, essas medidas podem constar anexas no contrato de prestação de serviços e até ser estabelecidas pelo controlador uma análise ou auditoria periódica para averiguação;
- Princípio da prevenção = constar na cláusula do "Tratamento de Dados" que a pessoa física ou jurídica X adota medidas para prevenir a ocorrência de danos em virtude do tratamento de dados pessoais. O caso a caso é que vai determinar as medidas a adotar internamente e também com prestadores de serviço, sendo que o controlador deve analisar quem são os seus operadores para determinar quais medidas devem ser adotadas por eles. Eventualmente, pode haver responsabilidade solidária pela controladora por tratamento de um operador;
- Princípio da não discriminação = constar na cláusula do "Tratamento de Dados" a impossibilidade de realização do tratamento para fins discriminatórios ilícitos ou abusivos. É necessária a compreensão de como são definidos os critérios de perfis de clientes ativos, inativos e potenciais clientes. E, então, se há riscos à potencial abordagem discriminatória;
- Princípio da responsabilização e prestação de contas = estar claro que os dados pessoais do titular estão bem protegidos e que há um conjunto de documentos capaz de evidenciar que tais obrigações estão de fato sendo satisfeitas.

Sob o aspecto prático, todos os princípios devem eclodir em uma das cláusulas do contrato que versarem sobre tratamento de dados pessoais, a fim de não restarem dúvidas sobre o cumprimento das normas de proteção de dados.

É notório que a observância dos princípios gerais do direito contratual deve estar alinhada com os princípios da Lei Geral de Proteção de Dados Pessoais, não havendo exclusão das demais normas que regem o Código Civil para a elaboração de um contrato.

Figura ilustrativa:

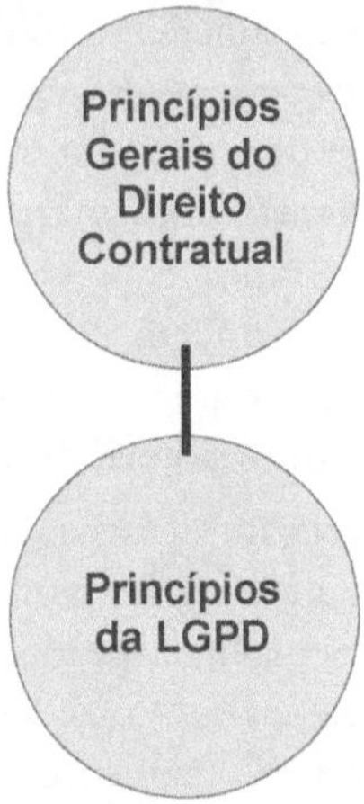

Fonte: Elaboração própria.

Os princípios gerais do direito contratual devem estar entrelaçados aos princípios da LGPD, exemplificando:

- Autonomia da vontade;
- Força obrigatória dos contratos;
- Princípio da relatividade dos contratos;
- Princípio da boa-fé nos contratos[1].

1 VENOSA, Sílvio de Salvo. *Direito civil:* teoria geral das obrigações e teoria geral dos contratos. 13. ed. São Paulo: Atlas, 2013. v. 2.

6. BASES LEGAIS – EXEMPLOS DE COMO ENQUADRAR E DEMONSTRAR CUMPRIMENTO

Adrianne Lima
Thainá Baronovsky

A governança em privacidade exige a documentação de como se identificou a base legal pertinente para um determinado processo que envolve certas atividades caracterizadas como tratamento de dados pessoais.

Assim, ao analisar os processos, deverá haver o enquadramento legal a, no mínimo, uma das hipóteses de autorização para fins de tratamento de dados pessoais, são as chamadas "bases legais", quais sejam:

Bases legais	Quando utilizar? Exemplos:
Exercício regular de direitos em processos	Base legal ampla que autoriza o uso de dados pessoais em processos judiciais, por exemplo, a menção dos dados pessoais na petição inicial. Exemplos: quando há utilização de dados das partes para citação/intimação; uma autoridade pública que instaura processos disciplinares contra certos funcionários; apresentação de documentos e produção de provas em um processo, em que constam dados pessoais das partes envolvidas; retenção de determinados dados pessoais de ex-empregados ou prestadores de serviço pessoas naturais, tendo em vista a prevenção a eventuais ações judiciais e/ou administrativas, havendo a guarda de acordo com os prazos prescricionais e decadenciais da legislação brasileira.

Bases legais	Quando utilizar? Exemplos:
Legítimo interesse	Base legal mais flexível e difícil de conceituar na prática. O legítimo interesse deve ser lícito e o controlador não poderá observar apenas benefício próprio. Deve haver equilíbrio entre as necessidades do controlador e os benefícios aos titulares. Cabe destacar sobre a aplicabilidade dessa base legal no contexto do Regulamento Geral de Dados Pessoais (RGPD) da União Europeia: Considerando 47 - Os interesses legítimos dos responsáveis pelo tratamento, incluindo os dos responsáveis a quem os dados pessoais possam ser comunicados, ou de terceiros, podem constituir um fundamento jurídico para o tratamento, desde que não prevaleçam os interesses ou os direitos e liberdades fundamentais do titular, tomando em conta as expectativas razoáveis dos titulares dos dados baseadas na relação com o responsável. Poderá haver um interesse legítimo, por exemplo, quando existir uma relação relevante e apropriada entre o titular dos dados e o responsável pelo tratamento, em situações como aquela em que o titular dos dados é cliente ou está ao serviço do responsável pelo tratamento. De qualquer modo, a existência de um interesse legítimo requer uma avaliação cuidada, nomeadamente da questão de saber se o titular dos dados pode razoavelmente prever, no momento e no contexto em que os dados pessoais são recolhidos, que esses poderão vir a ser tratados com essa finalidade. Os interesses e os direitos fundamentais do titular dos dados podem, em particular, sobrepor-se ao interesse do responsável pelo tratamento, quando que os dados pessoais sejam tratados em circunstâncias em que os seus titulares já não esperam um tratamento adicional. Dado que incumbe ao legislador prever por lei o fundamento jurídico para autorizar as autoridades a procederem ao tratamento de dados pessoais, esse fundamento jurídico não deverá ser aplicável aos tratamentos efetuados pelas autoridades públicas na prossecução das suas atribuições. O tratamento de dados pessoais estritamente necessário aos objetivos de prevenção e controlo da fraude constitui igualmente um interesse legítimo do responsável pelo seu tratamento. Poderá considerar-se de interesse legítimo o tratamento de dados pessoais efetuado para efeitos de comercialização direta. Recomenda-se a observância aos artigos da LGPD, em especial: 10, 11, II, e 37, que trata da obrigatoriedade dos registros dos tratamentos. Também é cabível observar a necessidade de emissão de relatório de impacto de proteção de dados pessoais. Exemplo: dados pessoais são utilizados para a prevenção à fraude (*e-commerce*); quando o controlador desejar prospectar potenciais clientes (para garantir que o titular possua sua expectativa em relação ao tratamento, o controlador deve possibilitar a opção de *opt-out*/saída das ações de marketing); *due diligence* realizado pela empresa em relação a empregados, pois há interesse legítimo em investigar denúncias, prevenir incidentes e decidir medidas corretivas; mecanismos de análise de prevenção e detecção de fraude, já que a sociedade, em geral, possui expectativa legítima em não sofrer fraudes.

<table>
<tr><th>Bases legais</th><th>Quando utilizar? Exemplos:</th></tr>
<tr><td>Proteção ao crédito</td><td>Para a aprovação de crédito, reduzindo os riscos da transação, é possível que dados pessoais sejam consultados avaliando-se o perfil de pagador do cidadão.
Exemplos: acesso a dados para entendimento do comportamento dotitular quanto ao pagamento de financiamentos; base de dados contendo inadimplentes e adimplentes; avaliação de um titular por uma instituição financeira para que esta lhe ofereça uma linha de crédito.
Vale observar eventual relacionamento do processo a leis e normativos setoriais, como:
• Lei do Cadastro Positivo - Lei n. 12.414, de 9 de junho de 2011, que disciplina a formação e consulta a bancos de dados cominformações de adimplemento, de pessoas naturais ou de pessoasjurídicas, para formação de histórico de crédito;
• Resolução n. 4.658, de 26 de abril de 2018, que dispõe sobre a política de segurança cibernética e sobre os requisitos para a contratação de serviços de processamento e armazenamento de dados e de computação em nuvem a serem observados pelas instituições financeiras e demais instituições autorizadas a funcionar pelo Banco Central do Brasil;
• Resolução Conjunta n. 1, de 4 de maio de 2020, do Banco Central do Brasil, que dispõe sobre a implementação do Sistema FinanceiroAberto (Open Banking) por parte de instituições financeiras, instituições de pagamento e outras autorizadas.
Dentre os pontos importantes trazidas pela Resolução, estão a transparência pelas instituições e o consentimento: o que deve constar e como deve ser obtido de clientes (art. 10 da LGPD).</td></tr>
<tr><td>Execução de contratos</td><td>Para cumprir uma obrigação prevista em contrato ou como condição de elaborar um contrato. Exemplos: contrato de seguros; contrato de honorários; contrato de terceirização.
Exemplos: empresa que comercializa, via internet, e, antes de celebrar o contrato, coleta o nome, o endereço de entrega, o número de cartão de crédito; obtenção de dados pessoais para emissão do contrato de trabalho; tratamento dos dados bancários do empregado para pagamento da contraprestação pelo empregador ou o compartilhamento de dados do empregado com escritório de contabilidade para processamento da folha de pagamento.</td></tr>
<tr><td>Proteção à vida</td><td>Quando o seu uso é de interesse vital, seja do titular do dado ou ainda de outra pessoa. Exemplos: um hospital que tem que tratar uma vítima de acidente rodoviário grave e precisa pesquisar a sua identidade para verificar se a pessoa existe na base de dados do hospital, a fim de consultar o seu histórico clínico; situações em que for necessário priorizar a integridade psicofísica do titular, sobrepondo-se a necessidade de confirmar a sua vontade, seja por incapacidade ou pela urgência da situação.</td></tr>
</table>

Bases legais	Quando utilizar? Exemplos:
Tutela da saúde	A LGPD objetiva, com essa base legal, preservar os titulares e privilegiar a saúde. Uso dos dados pessoais por profissionais de saúde, serviços de saúde ou autoridade sanitária que precisam destes para a tutela da saúde em um caso concreto e real. Exemplos: atendimento médico, com abertura de prontuário; tratamento de dados pessoais para finalidades da vigilância sanitária; envio de dados de exame médico para análise laboratorial; suspeita de vírus em uma cidade e a prefeitura coleta dados e informações dos moradores; enfermeiro que se pica com agulha utilizada em um paciente e que precisa acessar os dados para verificar a necessidade de tratamento pós-exposição a uma doença.
Obrigação legal	O cumprimento de lei ou regulamento deverá ser uma obrigação do controlador para a aplicação dessa base legal. O uso dos dados pessoais está ligado a uma lei que autoriza o tratamento. Exemplos para utilização dessa base legal: uma empresa precisa utilizar ou armazenar dados pessoais para cumprir com as normas trabalhistas; quando há a obrigação, por lei, de fornecer os dados pessoais à autoridade competente, como os salários de seus empregados para fins de recolhimento de tributos na fonte; *bureaus* de créditos autorizados pelo Banco Central do Brasil, que devem gerenciar dados pessoais para a criação da base de dados do cadastro positivo, com fundamento na Lei do Cadastro Positivo (Lei n. 12.414/2011); a instituição financeira que deve seguir a Circular n. 3.461/2009 do Banco Central do Brasil e tratar determinados dados pessoais com base nos crimes de lavagem de dinheiro; dados pessoais coletados em exames médicos e armazenados pela empresa para comprovar o estado de saúde física e psíquica do empregado, com base no art. 168 da CLT e Normas Regulamentadoras n. 4 e 7; cadastro de empresas fornecedoras ou prestadoras de serviço, em que se obtêm os dados pessoais dos respectivos sócios com fundamento no art. 118 do Código Civil.
Pesquisa por órgão	Pesquisa sem fins lucrativos e que seja de caráter histórico, científico, tecnológico ou estatístico. Necessário observar a definição de órgão de pesquisa segundo a LGPD, no art. 5º, XVIII: administração pública ou pessoa jurídica sem fins lucrativos. Exemplos: organização que utiliza os dados pessoais para pesquisa de caráter histórico, científico, tecnológico ou estatístico; estudos por universidades públicas, desde que conste no objeto do estatuto o caráter de pesquisa; desenvolvimento de estudos por organizações públicas de pesquisa, como, dentre outros: Instituto de Pesquisa Econômica Aplicada - Ipea, Instituto Brasileiro de Geografia e Estatística - IBGE.

Bases legais	Quando utilizar? Exemplos:
Administração pública para execução de políticas públicas	Em primeiro lugar, vale compreender que políticas públicas significam a "totalidade de ações, metas e planos que os governos (nacionais, estaduais ou municipais) traçam para alcançar o bem-estar da sociedade e o interesse público"[1]. A Constituição Federal de 1988 define que o Estado deve atuar mediante a criação de políticas públicas para: a promoção da saúde a fim de garantir o acesso universal e igualitário (art. 196); a promoção do acesso democrático e permanente à cultura pactuada entre os entes governamentais e a própria sociedade (art. 216-A); os programas de assistência integral à saúde da criança, do adolescente e do jovem, admitida a participação de entidades não governamentais (art. 227, § 1º); o estabelecimento do plano nacional de juventude (art. 227, § 8º, II)[2]. Vale ressaltar que, quando houver o compartilhamento de dados pessoais pelo Poder Público para atender finalidades de execução de políticas públicas, o art. 26 da LGPD deverá ser observado também, tendo o convênio ou o contrato celebrado que ser submetido a avaliação pela Autoridade Nacional de Proteção de Dados Pessoais - ANPD; dados pessoais para fins de cumprimento de programas sociais; tratamento de dados de origem racial para melhoria de políticas públicas e com fundamento na Lei n. 16.758/2018; tratamento de dados de saúde física e mental para fins de cumprimento da política pública de prevenção ao uso de drogas (Lei n. 11.343/2006 e Decreto n. 9.761/2019); tratamento de dados documentais de estudantes, com especificação de raça e etnia, com base na Lei n. 12.711/2012 e no Decreto n. 7.824/2012 (política de cotas para acesso à universidade); tratamento de dados cadastrais e dados de saúde para a política pública de prevenção ao HIV - Programa Nacional de DST/AIDS (Lei n. 8.080/90 e Lei n. 8.142/90); tratamento dos dados pessoais constantes no cadastro único para programas sociais do governo federal (acesso aos dados regulamentado pela Portaria n. 502/2017), tendo em vista o programa de gestão do Bolsa Família.
Consentimento	Declaração clara e inequívoca de um titular que consente com o uso dos seus dados pessoais para as finalidades propostas pela pessoa física ou jurídica. São exemplos a utilização dessa base legal para: uso do *wi-fi*; na solicitação de dados pessoais pelo aplicativo de música, que solicita o consentimento dos titulares para "tratar" suaspreferências musicais, a fim de oferecer sugestões personalizadas de músicas e concertos; coleta de dados para envio de *newsletter* e *mailing*; uso de geolocalização do titular, de forma opcional, em aplicativos. Será necessário observar os arts. 8º, 9º e o 15, que trata da possibilidade de revogação.

1 Manual de políticas públicas. Disponível em: <http://www.mp.ce.gov.br/nespeciais/promulher/manuais/manual%20de%20politicas%20p%C3%9Ablicas.pdf>. Acesso em: 8-7-2021.

2 MAIA, Fernanda. *LGPD:* aplicação prática das bases legais. LGPD Acadêmico (*e-book*). 2018.

Bases legais	Quando utilizar? Exemplos:
Garantia da prevenção à fraude e à segurança do titular	Segundo o art. 11, II, *g*, uma outra hipótese para o tratamento de dados pessoais sensíveis, sem fornecimento de consentimento do titular, é quando é indispensável para a garantia da prevenção à fraude e à segurança do titular, nos processos de identificação e autenticação de cadastro em sistemas eletrônicos, resguardados os direitos mencionados no art. 9º da LGPD e exceto no caso de prevalecerem direitos e liberdades fundamentais do titular que exijam a proteção dos dados pessoais.
No caso do Poder Público, a comunicação ou o uso compartilhado de dados pessoais de pessoa jurídica de direito público a pessoa de direito privado será informado à autoridade nacional e dependerá de consentimento do titular, em regra	A LGPD prevê, dentre outras, as seguintes condições para o tratamento de dados pessoais pelo Poder Público: Art. 23. O tratamento de dados pessoais pelas pessoas jurídicas de direito público referidas no parágrafo único do art. 1º da Lei n. 12.527, de 18 de novembro de 2011 (Lei de Acesso à Informação), deverá ser realizado para o atendimento de sua finalidade pública, na persecução do interesse público, com o objetivo de executar as competências legais ou cumprir as atribuições legais do serviço público, desde que: I – sejam informadas as hipóteses em que, no exercício de suas competências, realizam o tratamento de dados pessoais, fornecendo informações claras e atualizadas sobre a previsão legal, a finalidade, os procedimentos e as práticas utilizadas para a execução dessas atividades, em veículos de fácil acesso, preferencialmente em seus sítios eletrônicos; III – seja indicado um encarregado quando realizarem operações de tratamento de dados pessoais, nos termos do art. 39 desta Lei; (os incisos II e IV foram vetados na lei). Art. 27. A comunicação ou o uso compartilhado de dados pessoais de pessoa jurídica de direito público a pessoa de direito privado será informado à autoridade nacional e dependerá de consentimento do titular, exceto: I – nas hipóteses de dispensa de consentimento previstas nesta Lei; II – nos casos de uso compartilhado de dados, em que será dada publicidade nos termos do inciso I do *caput* do art. 23 desta Lei; ou III – nas exceções constantes do § 1º do art. 26 desta Lei.

Observa-se que o consentimento é apenas uma das bases legais para o tratamento de dados pessoais. Portanto, respeitada alguma das bases legais, já é permitido o tratamento de dados sem violar a lei.

Além disso, nenhuma base legal prepondera sobre a outra, é preciso verificar caso a caso antes de optar por uma base legal. O quadro anterior poderá auxiliar na escolha e na fundamentação. Ressalta-se que, caso o tratamento envolva dados pessoais sensíveis, então deverão ser observadas as hipóteses previstas no art. 11 da LGPD, em que o consentimento é a principal base legal. Haverá a utilização de outras bases legais, caso não haja o consentimento e quando o tratamento de dados pessoais sensíveis for indispensável para:

a) cumprimento de obrigação legal ou regulatória pelo controlador;

b) tratamento compartilhado de dados necessários à execução, pela administração pública, de políticas públicas previstas em leis ou regulamentos;

c) realização de estudos por órgão de pesquisa, garantida, sempre que possível, a anonimização dos dados pessoais sensíveis;

d) exercício regular de direitos, inclusive em contrato e em processo judicial, administrativo e arbitral, este último nos termos da Lei n. 9.307/96 (Lei de Arbitragem);

e) proteção da vida ou da incolumidade física do titular ou de terceiros;

f) tutela da saúde, exclusivamente, em procedimento realizado por profissionais de saúde, serviços de saúde ou autoridade sanitária;

g) garantia da prevenção à fraude e à segurança do titular, nos processos de identificação e autenticação de cadastro em sistemas eletrônicos, resguardados os direitos mencionados no art. 9º da LGPD e exceto no caso de prevalecerem direitos e liberdades fundamentais do titular que exijam a proteção dos dados pessoais.

A escolha de uma base legal para o tratamento de dados pessoais impactará na forma do contrato, por exemplo, contratos de trabalho ou contrato entre fornecedores. O primeiro precisará de conceitos trabalhistas, enquanto o segundo, de conceitos civis que auxiliem na formalização de algumas cláusulas contratuais.

Para a organização das bases de dados pessoais, recomenda-se separar em três categorias de dados. Exemplos:

Categoria	Exemplos
Dados cadastrais	RG, nome, endereço
Dados especiais	Dados de compras, cookies, geolocalização
Dados sensíveis	Dados de saúde, etnia

7. ADEQUAÇÃO DO CONSENTIMENTO

Thainá Baronovsky

Caso a organização utilize a base legal do consentimento para tratar dados pessoais, deve-se garantir que todos os requisitos sejam cumpridos, quais sejam: I – Manifestação livre; II – Informada; III – Inequívoca; e IV – Demonstrar a finalidade determinada.

Vale ressaltar que o titular poderá revogar, a qualquer momento, um consentimento cedido anteriormente. E, caso haja alterações posteriores, o titular de dados deverá ser comunicado sobre essa alteração.

O termo de consentimento é um documento que registra a manifestação livre, informada e inequívoca do tratamento de dados pessoais. Conforme a LGPD, poderá conter nesse documento:

Quais dados pessoais serão tratados	Nome completo; Data de nascimento; RG; Fotografia 3x4.
Finalidade do tratamento	Possibilitar que a controladora envie ou forneça ao titular seus produtos e serviços, de forma remunerada ou gratuita.
Compartilhamento de dados	Estabelecer regras adequadas de compartilhamento.
Segurança dos dados	Garantir e explicar as medidas de segurança, técnicas e administrativas que protegem os dados pessoais.
Término do tratamento dos dados	Descrever o período em que os dados serão tratados.

Direitos do titular	I - confirmação da existência de tratamento; II - acesso aos dados; III - correção de dados incompletos, inexatos ou desatualizados; IV - anonimização, bloqueio ou eliminação de dados desnecessários, excessivos ou tratados em desconformidade com a Lei; V - portabilidade dos dados a outro fornecedor de serviço ou produto, mediante requisição expressa, de acordo com a regulamentação da autoridade nacional, observados os segredos comercial e industrial; VI - eliminação dos dados pessoais tratados com o consentimento do titular, exceto nas hipóteses previstas no art. 16 da Lei; VII - informação das entidades públicas e privadas com as quais o controlador realizou uso compartilhado de dados; VIII - informação sobre a possibilidade de não fornecer consentimento e sobre as consequências da negativa; IX - revogação do consentimento.

Considerando, como já abordado anteriormente, a forte ligação entre os contratos e o consentimento, apesar de o consentimento consistir em uma boa base legal sob a ótica de proteção do titular de dados, do outro lado, porém, sob o ponto de vista do controlador, compõe uma base frágil e que deve ser utilizada com a devida cautela.

Nesse contexto, é importante organizar um sistema, tanto para a coleta quanto para o armazenamento do consentimento, de modo a minimizar as dificuldades, já reconhecidas, de sua gestão e, ainda, permitir um controle mais eficaz dos requisitos legais para a sua validade, posto que, como já vimos, a lei exige que ele seja livre, informado, inequívoco e, ainda, que esteja sempre vinculado a uma finalidade específica e previamente determinada.

Além disso, esse sistema poderá auxiliar, também, quando do exercício do direito de revogação, pelo titular dos dados, cumprindo a determinação da LGPD no sentido de favorecer a observância gratuita desse direito, uma vez que possibilita encontrar, com maior exiguidade, o contrato em que o consentimento foi exarado, para que este possa ser suprimido e o documento possa ser revisto, com as facilidades exigidas pela lei.

Importa salientar, aqui, que é interessante manter, na medida do possível, sempre mais de uma base de dados para legitimar um tratamento, a fim de que a exclusão do consentimento em um contrato não o prejudique por torná-lo ineficaz.

Não é demais reiterar que, por não se tratar da única base de dados existente, insta considerar, sempre, se o consentimento fornecido em um contrato é, de fato, a base mais vantajosa, e se outra base não o substituiria com igual ou maior valor.

8. TRATAMENTO DE DADOS DE CRIANÇAS E ADOLESCENTES

Adrianne Lima
Thainá Baronovsky

Assim como na *General Data Protection Regulation* (GDPR), a Lei Geral de Proteção de Dados Pessoais (LGPD) possui regras diferentes para o tratamento de dados pessoais de crianças e adolescentes.

A LGPD não definiu a idade da criança e do adolescente, então, é utilizado como parâmetro o que define o art. 2º da Lei n. 8.069/90 (Estatuto da Criança e do Adolescente), que considera criança a pessoa até doze anos de idade incompletos e adolescente a pessoa entre doze e dezoito anos de idade.

O Capítulo II, Seção III, da LGPD trata especificamente sobre o "Tratamento de Dados Pessoais de Crianças e Adolescentes".

Para tratamento de dados de crianças, o art. 14 da LGPD prevê a necessidade do consentimento específico e em destaque fornecido por pelo menos um dos pais ou pelo responsável legal.

Tendo em vista a previsão do Código Civil (art. 3º) sobre a obrigatoriedade de representação de absolutamente incapazes (menores de 16 anos), o consentimento deverá ser formalizado com a observância também dessa questão para a sua validade jurídica.

Já para o tratamento de dados de adolescentes, pode haver o enquadramento em uma das bases legais previstas nos arts. 7º (dados pessoais simples, como nome, RG, endereço e outros) e 11 (dados pessoais sensíveis, como informações referentes à saúde, biometria e outros).

Se necessária a ciência sobre o tratamento ou a formalização de consentimento de adolescentes maiores de 16 e menores de 18 anos, será imprescindível a assistência pelos pais ou representante legal, como definido pelo Código Civil.

Vale ressaltar que há determinadas decisões que entendem que, eventualmente, algum problema de formalização de um contrato com um menor seria suprido se este for beneficiado com um serviço, por exemplo, no julgado a seguir, mas não é um tema pacificado.

> DIREITO PRIVADO NÃO ESPECIFICADO. TELEFONIA. CONTRATO. MENOR RELATIVAMENTE INCAPAZ. VALIDADE DO NEGÓCIO JURÍDICO. A nulidade de que padece o negócio jurídico firmado por relativamente incapaz é relativa, dependendo de reconhecimento judicial, conforme dispõe o regramento civil pátrio. Noutro dizer, a anulabilidade de ato praticado por menor relativamente incapaz fica adstrita à demonstração, *in concreto*, de que o negócio realizado não o beneficiará, o que, indubitavelmente, não se verifica no presente caso. Isso porque, tendo a parte gozado dos serviços prestados pela ré, no momento em que lhe conveio, não há que se falar em nulidade do contrato. Daí se entender que a sentença não comporta qualquer reforma, porquanto ausentes, na espécie, os requisitos de anulabilidade do negócio jurídico firmado. Apelação desprovida (TJRS, Apelação Cível 70.070.935.572, 12ª Câmara Cível, Rel. Umberto Guaspari Sudbrack, j. 15-9-2016).

Conforme o art. 14, § 6º, da LGPD, os materiais e documentos devem conter redação:

> [...] simples, clara e acessível, consideradas as características físico-motoras, perceptivas, sensoriais, intelectuais e mentais do usuário, com uso de recursos audiovisuais quando adequado, de forma a proporcionar a informação necessária aos pais ou ao responsável legal e adequada ao entendimento da criança.

Como conclusão, destacamos a compreensão da União Europeia também sobre a temática:

> **Artigo 8º, Recital 38:** As crianças merecem proteção no que diz respeito aos seus dados pessoais, visto que podem estar menos conscientes dos riscos e consequências dos seus direitos em relação ao tratamento de

dados pessoais de crianças para fins de marketing ou criação de perfis de personalidade ou de usuário e a coleta de dados pessoais relativos a crianças ao usar serviços oferecidos diretamente a uma criança.

Ao ocorrer tratamento de dados pessoais de crianças, a regra é pela obtenção de consentimento de um dos pais ou responsável legal, como determina o art. 14, § 1º. O § 3º faculta a obtenção do consentimento, caso os dados pessoais da criança sejam utilizados para contatar os pais ou o responsável legal. Ainda, apesar de a lei não determinar dessa forma, nos parece não fazer muito sentido o cabimento de consentimento em situações que favoreçam a proteção à vida da criança.

Tanto para o tratamento de dados de crianças, como de adolescentes, este deve ser realizado com vistas ao seu melhor interesse. Isto é, as atividades devem ser realizadas de maneira que seja assegurado a eles o direito "à vida, à saúde, à alimentação, à educação, ao lazer, à profissionalização, à cultura, à dignidade, ao respeito, à liberdade e à convivência familiar e comunitária", como dispõem o art. 227 da CF e o art. 4º do ECA[1].

1 JUSBRASIL (2017). O princípio do melhor interesse da criança e do adolescente em ações de guarda de menores. Disponível em: <https://direitofamiliar.jusbrasil.com.br/artigos/403447184/o-principio-do-melhor-interesse-da-crianca-e-do-adolescente-em-acoes-de-guarda-de-menores>.

9. CONTRATO COMO BASE LEGITIMADORA DE TRATAMENTO

Thainá Baronovsky

O contrato propriamente dito é uma das dez bases legais, mas quando poderá ser utilizado? Para essa resposta, usaremos um quadro "teste" da base legal "execução de contratos". Vejamos:

QUANDO USAR A BASE LEGAL "EXECUÇÃO DE CONTRATOS"

Para cumprimento de uma obrigação prevista no contrato

↓

Exemplo:

Contrato de seguros

Para validação inicial do contrato

↓

Exemplo:

Contrato de honorários advocatícios

QUANDO NÃO USAR A BASE LEGAL "EXECUÇÃO DE CONTRATOS"

↓

Para finalidades diferentes da execução de contratos

↓

Exemplo prático:

Em um primeiro momento, a imobiliária X coleta os dados pessoais com fins de elaborar um contrato de locação de imóvel. A imobiliária X, ao coletar os dados para essa finalidade, aproveita para compartilhar esses dados com algumas construtoras parceiras para fins de marketing.

O *General Data Protection Regulation* (GDPR) também prevê a base legal "execução de contratos". Será utilizada essa base quando o processamento for necessário para a execução de um contrato no qual o titular dos dados é parte ou para tomar medidas a pedido do titular dos dados antes de celebrar um contrato[1].

1 UNIÃO EUROPEIA. Regulamento Geral de proteção de dados pessoais. Regulamento (UE) n. 2016/679. Disponível em: <https://eur-lex.europa.eu/legalcontent/PT/TXT/?qid=1528874672298&uri=CELEX:32016R0679>. Acesso em: 8-7-2021.

10. QUANDO ELABORAR UM RELATÓRIO DE IMPACTO À PROTEÇÃO DE DADOS PESSOAIS

Adrianne Lima
Thainá Baronovsky

Conforme o art. 5º, XVII, da LGPD, o Relatório de Impacto à Proteção de Dados Pessoais (RIPD), ou *Data Protection Impact Assessment* (DPIA), conforme o *General Data Protection Regulation* (GDPR) denomina[1], é a:

> Documentação do controlador que contém a descrição dos processos de tratamento de dados pessoais que podem gerar riscos às liberdades civis e aos direitos fundamentais, bem como medidas, salvaguardas e mecanismos de mitigação de risco.

Esse documento avaliará o impacto de proteção de dados a fim de identificar e minimizar os riscos de proteção de dados de um projeto de conformidade. De acordo com a LGPD, a elaboração do DPIA cabe ao controlador.

A LGPD trouxe alguns conceitos referentes ao RIPD no art. 38, parágrafo único:

---

1 UNIÃO EUROPEIA. Regulamento Geral de proteção de dados pessoais. Regulamento (UE) n. 2016/679. Disponível em: <https://eur-lex.europa.eu/legal content/PT/TXT/?qid=1528874672298&uri=CELEX:32016R0679>. Acesso em: 8-7-2021.

- a descrição dos tipos de dados coletados: a descrição dos processos de tratamento de dados pessoais que podem gerar riscos às liberdades civis e aos direitos fundamentais, sendo estes divididos em dados pessoais comuns e sensíveis;
- a metodologia utilizada para a coleta e para a garantia da segurança das informações: quais os mecanismos utilizados para combater vazamento de dados e quais sistemas de segurança são usados no ambiente interno da pessoa física ou jurídica que trata os dados pessoais;
- a análise do controlador com relação a medidas, salvaguardas e mecanismos de mitigação de risco adotados: analisar os sistemas existentes e identificar riscos para eliminá-los.

É importante lembrar que um RIPD é obrigatório em casos específicos, situações em que o tratamento de dados pessoais pode resultar em um alto risco para direitos e liberdades dos titulares. A LGPD menciona explicitamente algumas condições básicas sobre quando o relatório de impacto é necessário:

- o tratamento de dados pessoais tiver como fundamento o interesse legítimo do controlador (art. 10, II, § 3º, da LGPD);
- o tratamento de dados pessoais gerar riscos às liberdades civis e aos direitos fundamentais dos titulares (art. 5º, XVII, da LGPD);
- ocorrer o tratamento de dados pessoais sensíveis, especialmente em grandes volumes (art. 38 da LGPD);
- segurança pública, defesa nacional, segurança do Estado, infrações penais (art. 4º, IV, § 3º, da LGPD).

Tendo em vista a LGPD não prever especificações a respeito da elaboração do RIPD, busca-se a interpretação das normas da ISO/IEC para complemento para a interpretação da temática, como trataremos no próximo capítulo.

11. COMO DEFINIR O NÍVEL DE RISCO, PROBABILIDADE E IMPACTO, COM BASE NA ABNT NBR ISO/IEC 29134:2020

Adrianne Lima

O art. 50 da LGPD recomenda que, após analisar o volume e a sensibilidade dos dados tratados e a gravidade dos riscos envolvidos, o controlador implemente programas de governança internos para divulgar as boas práticas de proteção de dados, que devem ser aplicadas a todos os dados pessoais coletados, e as políticas e medidas preventivas estabelecidas.

O programa de governança em privacidade deve ser construído de acordo com a estrutura da organização e visar a construção de relações de confiança com o titular – valorizando, portanto, a transparência e a clareza nas comunicações.

Com base na norma ABNT NBR ISO 31000 – Gestão de riscos – Diretrizes, o processo de gestão de riscos envolve a aplicação sistemática de políticas, procedimentos e práticas para as atividades de comunicação e consulta, estabelecimento do contexto e avaliação, tratamento, monitoramento, análise crítica, registro e relato de riscos.

O processo de avaliação de riscos é o processo global de identificação de riscos, análise de riscos e avaliação de riscos. É necessário que o processo de avaliação de riscos seja conduzido de forma sistemática, iterativa e colaborativa, com base no conhecimento e nos pontos de vista das partes interessadas.

Ao realizar a gestão de riscos, a ISO 31000 declara que a organização será beneficiada com:

- melhoria proativamente da eficiência operacional e governança;
- construção da confiança das partes interessadas na sua utilização de técnicas de risco;
- aplicação de controles de sistema de gestão à análise de riscos para minimizar perdas;
- melhoria do desempenho e resiliência do sistema de gestão;
- resposta às mudanças de forma eficaz e proteção à empresa conforme ela cresce.

Segundo a norma ABNT NBR ISO IEC 29134 – Tecnologia da informação – Técnicas de segurança – Avaliação de impacto de privacidade – Diretrizes, que oferece suporte para avaliar os potenciais impactos na privacidade de um processo, sistema de informação, programa, módulo de *software*, dispositivo ou outra iniciativa que trate dados pessoais (DP), e, em consulta às partes interessadas, para tomar ações necessárias para tratar risco à privacidade, recomenda-se a realização da avaliação de risco à privacidade em três etapas:

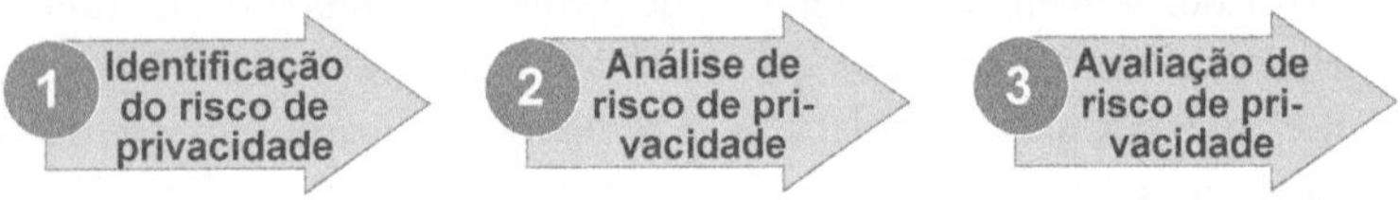

Fonte: Elaboração própria, com base na norma ISO/IEC 29134.

- 1º Passo: Identificação do risco de privacidade

Objetivo: Identificar riscos para as partes interessadas pertinentes decorrentes do programa, sistema de informação ou processo em avaliação.

Haverá a documentação com a descrição do programa, sistema de informação ou processo a ser avaliado, bem como os riscos a avaliar.

- 2º Passo: Análise de risco de privacidade

Objetivo: Analisar as possíveis consequências e ameaças dos riscos de privacidade identificados e estimar seus respectivos níveis de impacto e probabilidade.

Nessa etapa, deverá haver a análise dos riscos de privacidade, ou seja, descrição e estimativa dos níveis de impacto e probabilidade.

- 3º Passo: Avaliação de risco de privacidade

Objetivo: Priorizar os riscos de privacidade identificados.

Entrada: com base nos riscos de privacidade identificados e analisados, há elaboração de um mapa de calor, no qual, quanto maior o nível de impacto aos titulares e maior o nível de probabilidade de acontecer um incidente envolvendo os dados pessoais dos titulares, maior é o risco geral e "mais vermelho" no diagrama.

Convém que o nível de impacto das consequências identificadas seja estimado, considerando essas consequências e os controles planejados ou implementados. Em outras palavras, quanto dano seria causado por todos os possíveis impactos?

COMO CLASSIFICAR RISCOS

De acordo com o conceito da norma técnica ISO 31000, risco é o efeito da incerteza nos objetivos – ou seja, risco é a probabilidade de um evento acontecer, sendo ele uma ameaça, quando negativo, ou oportunidade, quando positivo. É o resultado obtido pela efetividade do perigo.

Os controles devem ser escolhidos pela organização com base nos riscos identificados, como resultado de uma análise de risco para desenvolver um sistema abrangente e consistente de controles.

Convém que os controles sejam adaptados ao contexto do tratamento específico de dados pessoais de cada organização.

A partir dos resultados da avaliação de risco à privacidade, a alta gestão pode decidir pelas seguintes opções para o tratamento do risco:

- aplicar os controles apropriados para reduzir os riscos;
- assumir o risco;
- evitar o risco ao decidir não iniciar ou continuar com a atividade que dá origem ao risco; e/ou
- compartilhar os riscos associados para outras partes.

O monitoramento contínuo e a análise crítica periódica do processo de gestão de riscos e seus resultados devem ser uma parte planejada do processo de gestão de riscos, com responsabilidades claramente estabelecidas.

Sendo o risco o produto do nível de impacto à privacidade dos titulares de dados e do nível de probabilidade de ocorrência do incidente envolvendo dados pessoais, vale destacar o entendimento da norma sobre a questão, trazendo bons parâmetros para essa classificação:

COMO ESTIMAR O NÍVEL DE IMPACTO

1) Insignificante: os titulares de DP não serão afetados ou poderão encontrar alguns inconvenientes, os quais serão superados sem nenhum problema (tempo gasto reinserindo informações, aborrecimentos, irritações etc.);

2) Limitado: os titulares de DP podem encontrar inconvenientes significativos, que eles serão capazes de superar, apesar de algumas dificuldades (custos extras, negação de acesso a serviços de negócios, medo, falta de entendimento, estresse, pequenas doenças físicas etc.);

3) Significativo: os titulares de DP podem encontrar consequências significativas, que convém que sejam capazes de superar, embora com sérias dificuldades (apropriação indevida de fundos, lista negra de bancos, danos à propriedade, perda de emprego, intimação, piora do estado de saúde etc.);

4) Máximo: os titulares de DP podem encontrar consequências significativas, ou mesmo irreversíveis, que não podem superar (dificuldades financeiras, como dívidas não prestáveis ou incapacidade de trabalhar, doenças físicas ou psicológicas a longo prazo, morte etc.).

COMO ESTIMAR A PROBABILIDADE

1) Insignificante: a execução de uma ameaça explorando as propriedades dos ativos de suporte não parece possível para as fontes de risco selecionadas (por exemplo, roubo de documentos em papel armazenados em uma sala protegida por um leitor de crachás e código de acesso);

2) Limitado: a execução de uma ameaça explorando as propriedades dos ativos de suporte parece ser difícil para as fontes de risco selecionadas (por exemplo, roubo de documentos em papel armazenados em uma sala protegida por um leitor de crachás);

3) Significativo: é possível realizar uma ameaça explorando as propriedades dos ativos de suporte para as fontes de risco selecionadas (por exemplo, roubo de documentos em papel armazenados em escritórios que não possam ser acessados sem o primeiro *check-in* na recepção);

4) Máximo: realizar uma ameaça explorando as propriedades dos ativos de suporte parece ser extremamente fácil para as fontes de risco selecionadas (por exemplo, roubo de documentos em papel armazenados em um saguão).

NÍVEIS DE RISCO

Com base na análise do risco, pode-se criar um diagrama como o exemplificado a seguir pela própria norma ISO/IEC 29134, para melhor visualização pela alta gestão.

Exemplo de um mapa de risco de privacidade

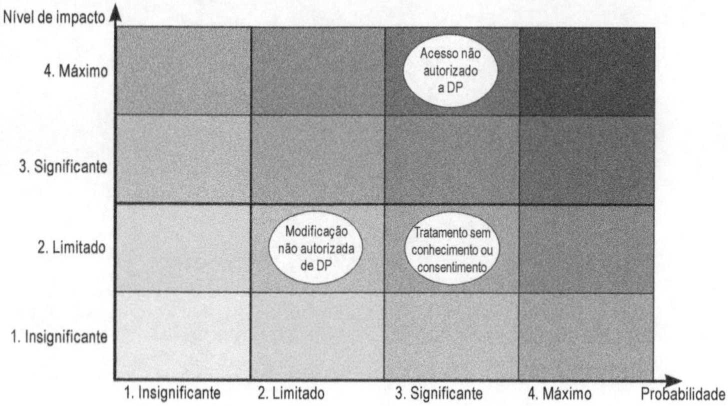

Fonte: ABNT NBR ISO/IEC29134:2020.

Outra possibilidade é utilizar a abordagem do modelo adotado pela autoridade de proteção de dados do Reino Unido (*U.K. Information Commissioner's Office*)[1]:

Descrever a fonte de risco e a natureza do impacto potencial sobre os indivíduos. Inclua a conformidade associada e os riscos corporativos, conforme necessário.	Probabilidade de dano	Gravidade do dano	Risco geral
	Remoto, possível ou provável	Mínimo, significativo ou grave	Baixo, médio ou alto

1 Disponível em: <https://iapp.org/resources/article/sample-dpia-template/>.

Identifique medidas adicionais que você pode tomar para reduzir ou eliminar riscos identificados como de médio ou alto risco na etapa 5				
Risco	Opções para reduzir oueliminar riscos	Efeito sobre o risco	Risco residual	Medida aprovada
		Eliminado/ reduzido/aceito	Baixa/média/alta	Sim/não

12. HIPÓTESES DE INCIDÊNCIA DE RESPONSABILIDADE

Adrianne Lima

Segundo a Lei Geral de Proteção de Dados Pessoais (LGPD), são hipóteses de incidência de responsabilidade:

1) causar a outrem dano patrimonial, moral, individual ou coletivo, em violação à legislação de proteção de dados pessoais (art. 42);
2) quando o tratamento de dados pessoais for irregular (art. 44).

O tratamento que não observa a legislação ou que não fornece a segurança que o titular dele pode esperar, considerando as circunstâncias relevantes, dentre elas (art. 44):

- o modo pelo qual o tratamento é realizado;
- o resultado e os riscos que razoavelmente dele se esperam;
- as técnicas de tratamento de dados pessoais disponíveis à época em que ele foi realizado.

A redação do art. 44 se assemelha às disposições do Código de Defesa do Consumidor (CDC), as quais definem o defeito do produto e do serviço (arts. 12, § 1º, e 14, § 1º, do CDC):

> Art. 12. [...]
> § 1º O produto é defeituoso quando não oferece a segurança que dele legitimamente se espera, levando-se em consideração as circunstâncias relevantes, entre as quais:

> I – sua apresentação;
> II – o uso e os riscos que razoavelmente dele se esperam;
> III – a época em que foi colocado em circulação.
>
> Art. 14. [...]
> § 1º O serviço é defeituoso quando não fornece a segurança que o consumidor dele pode esperar, levando-se em consideração as circunstâncias relevantes, entre as quais:
> I – o modo de seu fornecimento;
> II – o resultado e os riscos que razoavelmente dele se esperam;
> III – a época em que foi fornecido.

3) Responde pelos danos decorrentes da violação da segurança dos dados o controlador ou o operador que, ao deixar de adotar as medidas de segurança previstas no art. 46 da LGPD, der causa ao dano (art. 44, parágrafo único).

Nesse sentido, é importante contar com a análise pelo departamento jurídico e advogados para prever situações de responsabilidade entre partes contratantes, a fim de se evitar desgastes e eventuais prejuízos à organização. Isso porque o Código Civil prevê a possibilidade de as partes estabelecerem, por meio de contratos, riscos e quem responderia mais (ou menos) na ocorrência de uma sanção ou responsabilidades financeiras, por exemplo:

> Art. 421. A liberdade contratual será exercida nos limites da função social do contrato.
> Parágrafo único. Nas relações contratuais privadas, prevalecerão o princípio da intervenção mínima e a excepcionalidade da revisão contratual.
> Art. 421-A. Os contratos civis e empresariais presumem-se paritários e simétricos até a presença de elementos concretos que justifiquem o afastamento dessa presunção, ressalvados os regimes jurídicos previstos em leis especiais, garantido também que:
> I – as partes negociantes poderão estabelecer parâmetros objetivos para a interpretação das cláusulas negociais e de seus pressupostos de revisão ou de resolução;
> II – a alocação de riscos definida pelas partes deve ser respeitada e observada; e
> III – a revisão contratual somente ocorrerá de maneira excepcional e limitada.

13. PREVISÃO DO PROCEDIMENTO DE COMUNICAÇÃO DE INCIDENTES DE SEGURANÇA NOS CONTRATOS

Thainá Baronovsky

Sugere-se mencionar em uma cláusula contratual o "Procedimento de comunicação de incidentes de segurança". Esse procedimento auxiliará os envolvidos da relação contratual a agir de modo legal quando ocorrer um incidente de segurança com dados pessoais no seu ambiente interno ou externo.

A importância desse procedimento é garantir a observância ao art. 47 da Lei n. 13.709/2018 (Lei Geral de Proteção de Dados Pessoais – LGPD), que determina que os agentes de tratamento de dados pessoais devem adotar medidas de segurança, técnicas e administrativas aptas a proteger os dados pessoais de acessos não autorizados e de situações acidentais ou ilícitas de destruição, perda, alteração, comunicação ou qualquer forma de tratamento inadequado ou ilícito.

A Autoridade Nacional de Proteção de Dados (ANPD) conceitua um incidente de segurança com dados pessoais da seguinte forma:

> Um incidente de segurança com dados pessoais é qualquer evento adverso, confirmado ou sob suspeita, relacionado à violação na segurança de dados pessoais, tais como acesso não autorizado, acidental ou ilícito que

> resulte na destruição, perda, alteração, vazamento ou ainda, qualquer forma de tratamento de dados inadequada ou ilícita, os quais possam ocasionar risco para os direitos e liberdades do titular dos dados pessoais[1].

Importante frisar que o art. 48 da LGPD determina que é obrigação do controlador comunicar à ANPD e ao titular a ocorrência de incidente de segurança que possa acarretar risco ou dano relevante aos titulares. No contrato, portanto, deverá ser expressa a responsabilidade do controlador quanto à comunicação do incidente de segurança.

De forma mais específica, é recomendável seguir as orientações da ANPD, orientações estas disponibilizadas no próprio site (<www.gov.br/anpd>). Sendo assim, na cláusula de comunicação de incidente de segurança deverá constar a observância ao procedimento específico da ANPD.

As perguntas e respostas a seguir foram disponibilizadas pela ANPD, no dia 22 de fevereiro de 2021.

- **O que fazer em caso de incidente de segurança de dados pessoais?**

1) Avaliar o incidente, considerando natureza, categoria e quantidade de titulares afetados; categoria e quantidade de dados afetados; e consequências concretas e prováveis;
2) Comunicar ao Encarregado de Proteção de Dados Pessoais (art. 5º, VIII, da LGPD);
3) Comunicar ao controlador, se você for o operador;
4) Comunicar à ANPD e ao titular de dados, em caso de risco ou dano relevante aos titulares (art. 48 da LGPD); e
5) Elaborar documentação com a avaliação interna do incidente, medidas tomadas e análise de risco, a fim de cumprir o princípio de responsabilização e prestação de contas (art. 6º, X, da LGPD).

---

1 AUTORIDADE NACIONAL DE PROTEÇÃO DE DADOS. Comunicação de incidentes de segurança. Disponível em: <https://www.gov.br/anpd/pt-br/assuntos/incidente-de-seguranca>. Acesso em: 8-7-2021.

- **Quadro sobre incidentes de segurança da informação e o dever de comunicação:**

Entidade regulatória	Previsão legal	Vigência	Prazo para a comunicação
Autoridade Nacional de Proteção de Dados (ANPD)	Lei n. 13.709/2018, arts. 47 e 48	18-9-2020	"[...] em prazo razoável, conforme definido pela autoridade nacional." Orientação de 2021 e atual da ANPD: 2 dias úteis[1].

Os responsáveis nas organizações pela Segurança da Informação devem cuidar dessa área e com frequência identificar possíveis incidentes internamente. Todas as evidências devem ser coletadas, a fim de preservar a mitigação de seus efeitos.

1 Autoridade Nacional de Proteção de Dados – ANPD. Disponível em: <https://www.gov.br/anpd/pt-br/assuntos/incidente-de-seguranca>.

14. VISÃO DOS CONTRATOS POR PARTE DE GOVERNANÇA, RISCOS E *COMPLIANCE*

Anielle Martinelli
Mirian Esquarcio

Este capítulo é dedicado aos profissionais que queiram se aprofundar um pouco mais na visão de Governança, Risco e *Compliance* (GRC), no que tange à avaliação de contratos.

Nesse momento, a pergunta que surge é como essa área poderia colaborar com a adequação da Lei Geral de Proteção de Dados Pessoais (LGPD).

Ao ampliar a visão a respeito de contratação ou aditivos contratuais de fornecedores, percebe-se que, em grande parte das vezes, os riscos inerentes ao processo não são observados pela área de contratos, seja por não conhecer sobre o serviço ou produto em contratação, por sobrecarga de demandas ou por seguir modelos padrões de documentação. Em razão da experiência obtida atuando nessa área, é possível observar que, independentemente do tamanho da empresa, o processo de contratação e gestão de contratos é polêmico para as empresas.

A entrada da LGPD trouxe muitas dúvidas para todas as áreas e os segmentos, o que não é diferente na avaliação de contratos. Surgem perguntas como:

- Em que momento devemos separar os contratos?

- Quais contratos devemos atualizar com termo aditivo incluindo as cláusulas necessárias de LGPD?
- Como se deve elaborar um novo modelo de contrato que atenderá as exigências da LGPD?
- Existe um cadastro com a relação de todos os fornecedores e o escopo de serviços que ele presta?
- Há contratações avulsas ou emergenciais que não estão documentadas, não seguindo os processos convencionais?
- Em quais áreas os dados dos fornecedores estão sendo utilizados e qual o motivo?
- Existe um controle de quais acessos os fornecedores têm ao nosso ambiente e qual a justificativa para tal?
- Com quais dados pessoais trafegamos?
- Exercemos a atividade de experimentação?
- Enviamos dados para fora do país?
- Onde estão sendo armazenados os dados dos titulares que a empresa em questão está trabalhando?

Poderiam ser adicionadas diversas perguntas à lista descrita anteriormente, entretanto, em nome da assertividade e da objetividade, é crucial iniciar pela avaliação da aplicabilidade da LGPD, que, nesse caso, será a identificação dos fornecedores, bem como o escopo de serviços prestados de cada um, para assim conseguirmos responder às demais perguntas que serão necessárias para a execução do inventário de dados, a elaboração de cláusulas contratuais de responsabilização, o levantamento das vulnerabilidades e a necessidade de adequação da área.

Após o levantamento para início das atividades, é importante ressaltar um modelo de fluxo do processo na visão simplificada com alguns pontos de atenção, que serão úteis no desenvolvimento das demais atividades de adequação.

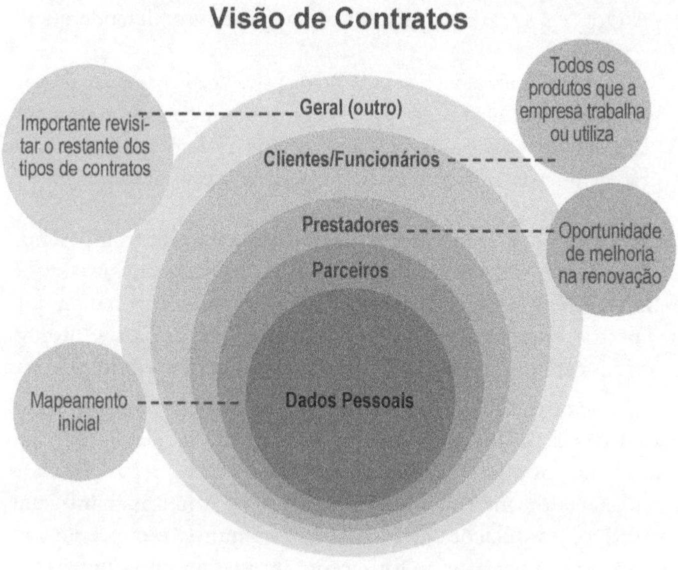

Fonte: Desenvolvido na ferramenta Canvas e elaboração própria.

Além de levantamentos, proteções e adequações contratuais relacionados aos fornecedores, é necessária uma avaliação/análise para produtos e serviços, com os quais a empresa trabalha ou fornece, buscando sempre estar de acordo com a lei de privacidade.

O próximo passo do fluxo é criar uma comunicação com as áreas que desenvolvem e/ou contratam produtos para levantar/analisar os dados utilizados, identificando quais tratam dados pessoais, como e quais cláusulas deverão ser adicionadas tanto para renovações ou aditivos contratuais, necessário para resguardar a privacidade e a conformidade com a LGDP e demais legislações que a completam.

Para os produtos e serviços desenvolvidos internamente pela empresa que envolvam dados pessoais, uma forma de garantir a proteção de dados e, consequentemente, as conformidades seria a adoção da metodologia *Privacy by Default*[1].

---

1 O termo "Privacy by Default", em tradução livre "Privacidade como configuração padrão", significa tratar da proteção de dados como padrão em todos os processos e atividades desenvolvidos pela empresa, por meio da definição de medidas de segurança, técnicas e organizacionais que devem ser aplicadas de forma padronizada e constante, em todas as áreas, projetos e produtos.

A Dra. Ann Cavoukian[2], estudiosa canadense, defende que:

> [...] a implementação e manutenção da privacidade não pode ser garantida apenas com adequações para a conformidade com leis e normas regulatórias; em vez disso, o ideal para a garantia da privacidade seria a adoção de um padrão no modo de operação da organização.

Como forma de atender o art. 6º (princípio da transparência), o qual detalharemos no decorrer do capítulo, os fluxos de atualizações e adequações, bem com as finalidades e necessidades dos tratamentos de dados pessoais precisam estar claros, uma vez que as partes interessadas poderão/deverão ter ciência de como está o andamento do processo.

Essa transparência e o detalhamento do processo possibilitarão a consolidação de dados, tais como criticidade, necessidade, riscos e vulnerabilidades, os quais deverão ser levados à alta direção, nos casos em que o fornecedor (interno ou externo) optou por não assinar o contrato ou o aditivo. As situações de recusa mais comuns são em razão da vantajosidade vista por parte do fornecedor/prestador, entre outros.

Diante da afirmativa da LGPD de que o controlador (empresa) é corresponsável pelos incidentes de dados pessoais ocorridos durante a atividade executada pelo operador (fornecedor, prestador), em atendimento às atividades contratadas, a recusa pelo aceite às regras de conformidade trazem um risco grande para a empresa. Posturas como essa devem ser levadas para avaliação junto à alta direção, e é nesse momento que será necessário coletar informações detalhadas para subsidiar a tomada de decisão.

As informações a serem fornecidas à alta direção deverão ser capazes de subsidiar as possíveis opções para o tratamento do risco:

- aplicar os controles apropriados para reduzir os riscos;
- assumir o risco;
- evitar o risco ao decidir não iniciar ou continuar com a atividade que dá origem ao risco; e
- compartilhar os riscos associados para outras partes.

2 CAVOUKIAN, Ann. Privacy by Design: The 7 Foundational Principles: Implementation and Mapping of Fair Information Practices. Disponível em: <https://iapp.org/media/pdf/resource_center/pbd_implement_7found_principles.pdf>. Acesso em: 8-7-2021.

Segundo estudos realizados pela equipe de analistas do *Gartner Group*, ter uma estratégia de negócios intercambiáveis significa preparar a empresa para estar mais bem adaptada às mudanças repentinas ou aos cancelamentos contratuais, sendo capaz de gerar resiliência e equilíbrio para seu negócio. Para a criação dessas estratégias, é necessário conhecer do negócio para assim elaborar uma matriz de riscos sobre cada contrato ou produto *versus* seus fornecedores.

As organizações precisam entender que depositar todas as suas fichas em um único parceiro/prestador/fornecedor de serviços pode agravar sua matriz de riscos, desequilibrando suas operações e as tornando, possivelmente, não sustentáveis por muito tempo.

Como forma de frisar a importância da análise dos riscos pelas empresas, apresentaremos alguns conceitos sobre o assunto:

- Avaliação de Impacto/risco de Privacidade (AIP): processo geral de identificação, análise, avaliação, consulta, comunicação e planejamento do tratamento de impactos potenciais da privacidade com relação à operação de DP, estruturado dentro de um sistema de gestão de riscos mais abrangente da organização;
- Controles de privacidade: medidas que tratam os riscos de privacidade por meio da redução de sua probabilidade ou de suas consequências;
- Ameaça: causa potencial de um incidente indesejado, que pode resultar em dano para um sistema ou organização;
- Vulnerabilidade: fragilidade de um ativo ou grupo de ativos que pode ser explorada por uma ou mais ameaças;
- Risco de segurança da informação e privacidade: potencial de que ameaças possam explorar vulnerabilidades de um ativo de informação ou grupo de ativos de informação, causando, assim, dano à organização;
- Tratamento do risco: processo para modificar um risco;
- Controle: medida que está modificando o risco;
- Avaliação de riscos: processo de comparar os resultados da análise de riscos com os critérios de risco para determinar se o risco e/ou sua magnitude são aceitáveis ou toleráveis;
- Nível de risco: magnitude de um risco, expressa em termos da combinação das consequências e de suas probabilidades;
- Risco residual: risco remanescente após o tratamento do risco; e

- *Key Risk Indicators* (KRI) – Indicadores Chave de Risco: são indicadores sobre os principais riscos aos quais uma empresa está exposta. Também podem ser tratados como as métricas utilizadas pelas empresas para verificar qual é o potencial de exposição a um determinado risco. Com eles, gerentes, diretores e conselheiros monitoram o nível de risco de uma área ou da própria organização.

A figura a seguir ilustra na prática os riscos trazidos para o negócio oriundos dos contratos com fornecedores. O prestador de serviço classificado como número 1 na matriz de riscos não tem um concorrente e não há como distribuir atividades em caso de inoperância, e a consequência é alta para a continuidade dessa atividade ou prestação de serviço que a empresa oferece aos seus clientes. Esse tipo de situação precisa estar explícita para os *stakeholders* (partes interessadas) e a alta direção, para que seja feita a assunção de riscos ou tomada de ação para reverter esse quadro. A situação do prestador 2 demonstra situação mais confortável, pois há dois ou mais parceiros/prestadores/fornecedores dividindo a mesma atividade, não gerando concentração. A probabilidade de não assinar o contrato ou aditivo contendo a cláusula de privacidade se torna baixa, sendo possível, consequentemente, ter uma larga escala de prestação de atividades, minimizando o risco para baixo.

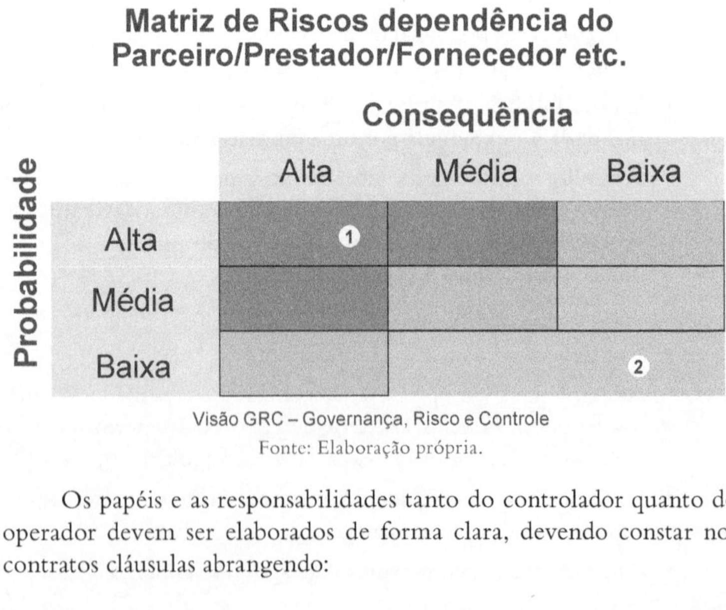

Fonte: Elaboração própria.

Os papéis e as responsabilidades tanto do controlador quanto do operador devem ser elaborados de forma clara, devendo constar nos contratos cláusulas abrangendo:

- sanções por uso indevido dos dados (compartilhamento, roubo, vazamentos);
- formas de comunicação entre as partes para aviso de incidentes;
- possíveis auditorias ou *due diligence* com motivos para rescisões contratuais;
- obrigações para adequação à LGPD e relatório de evidências; e
- implementação de plano de treinamento e conscientização das equipes.

Uma forma de construir um bom modelo de contrato abrangendo as necessidades exigidas pelo operador (fornecedor) é consultar, além da LGPD, a ISO 27001 e a ISO 27701.

A ISO/IEC 27001:2013 fornece os requisitos para a avaliação e o tratamento de riscos de segurança da informação voltados para as necessidades da organização, sendo eventualmente também exigido como cláusula contratual para prestação de serviços.

Por sua vez, a ISO/IEC 27701:2019 (extensão da ABNT NBR ISO/IEC 27001 e da ABNT NBR ISO/IEC 27002) especifica os requisitos e fornece as diretrizes para estabelecimento, implementação, manutenção e melhoria contínua de um Sistema de Gestão de Privacidade da Informação (SGPI), com o viés tanto de controlador como de operador. Para os contratos com fornecedores, os itens direcionados a eles poderão também ser exigidos como cláusula contratual, o que ajudará a manter a conformidade e apresentar evidências, caso haja alguma fiscalização.

A seguir, exploramos mais o fluxo de controlador e operador de acordo com os artigos da LGPD (arts. 5º, 6º, 42, 43, 46, 48 e 50):

> Art. 5º Para os fins desta Lei, considera-se:
>
> I – dado pessoal: informação relacionada a pessoa natural identificada ou identificável;
>
> II – dado pessoal sensível: dado pessoal sobre origem racial ou étnica, convicção religiosa, opinião política, filiação a sindicato ou a organização de caráter religioso, filosófico ou político, dado referente à saúde ou à vida sexual, dado genético ou biométrico, quando vinculado a uma pessoa natural;
>
> [...]

V – titular: pessoa natural a quem se referem os dados pessoais que são objeto de tratamento;
VI – controlador: pessoa natural ou jurídica, de direito público ou privado, a quem competem as decisões referentes ao tratamento de dados pessoais;
VII – operador: pessoa natural ou jurídica, de direito público ou privado, que realiza o tratamento de dados pessoais em nome do controlador;
VIII – encarregado: pessoa indicada pelo controlador e operador para atuar como canal de comunicação entre o controlador, os titulares dos dados e a Autoridade Nacional de Proteção de Dados (ANPD);
IX – agentes de tratamento: o controlador e o operador;
X – tratamento: toda operação realizada com dados pessoais, como as que se referem a coleta, produção, recepção, classificação, utilização, acesso, reprodução, transmissão, distribuição, processamento, arquivamento, armazenamento, eliminação, avaliação ou controle da informação, modificação, comunicação, transferência, difusão ou extração;
[...]
XV – transferência internacional de dados: transferência de dados pessoais para país estrangeiro ou organismo internacional do qual o país seja membro;
XVI – uso compartilhado de dados: comunicação, difusão, transferência internacional, interconexão de dados pessoais ou tratamento compartilhado de bancos de dados pessoais por órgãos e entidades públicos no cumprimento de suas competências legais, ou entre esses e entes privados, reciprocamente, com autorização específica, para uma ou mais modalidades de tratamento permitidas por esses entes públicos, ou entre entes privados;
XVII – relatório de impacto à proteção de dados pessoais: documentação do controlador que contém a descrição dos processos de tratamento de dados pessoais que podem gerar riscos às liberdades civis e aos direitos fundamentais, bem como medidas, salvaguardas e mecanismos de mitigação de risco;
[...]

XIX – autoridade nacional: órgão da administração pública responsável por zelar, implementar e fiscalizar o cumprimento desta Lei em todo o território nacional.

Art. 6º As atividades de tratamento de dados pessoais deverão observar a boa-fé e os seguintes princípios:

I – finalidade: realização do tratamento para propósitos legítimos, específicos, explícitos e informados ao titular, sem possibilidade de tratamento posterior de forma incompatível com essas finalidades;

II – adequação: compatibilidade do tratamento com as finalidades informadas ao titular, de acordo com o contexto do tratamento;

III – necessidade: limitação do tratamento ao mínimo necessário para a realização de suas finalidades, com abrangência dos dados pertinentes, proporcionais e não excessivos em relação às finalidades do tratamento de dados;

IV – livre acesso: garantia, aos titulares, de consulta facilitada e gratuita sobre a forma e a duração do tratamento, bem como sobre a integralidade de seus dados pessoais;

V – qualidade dos dados: garantia, aos titulares, de exatidão, clareza, relevância e atualização dos dados, de acordo com a necessidade e para o cumprimento da finalidade de seu tratamento;

VI – transparência: garantia, aos titulares, de informações claras, precisas e facilmente acessíveis sobre a realização do tratamento e os respectivos agentes de tratamento, observados os segredos comercial e industrial;

VII – segurança: utilização de medidas técnicas e administrativas aptas a proteger os dados pessoais de acessos não autorizados e de situações acidentais ou ilícitas de destruição, perda, alteração, comunicação ou difusão;

VIII – prevenção: adoção de medidas para prevenir a ocorrência de danos em virtude do tratamento de dados pessoais;

IX – não discriminação: impossibilidade de realização do tratamento para fins discriminatórios ilícitos ou abusivos;

X – responsabilização e prestação de contas: demonstração, pelo agente, da adoção de medidas eficazes e capazes de comprovar a observância e o cumprimento das normas de proteção de dados pessoais e, inclusive, da eficácia dessas medidas.

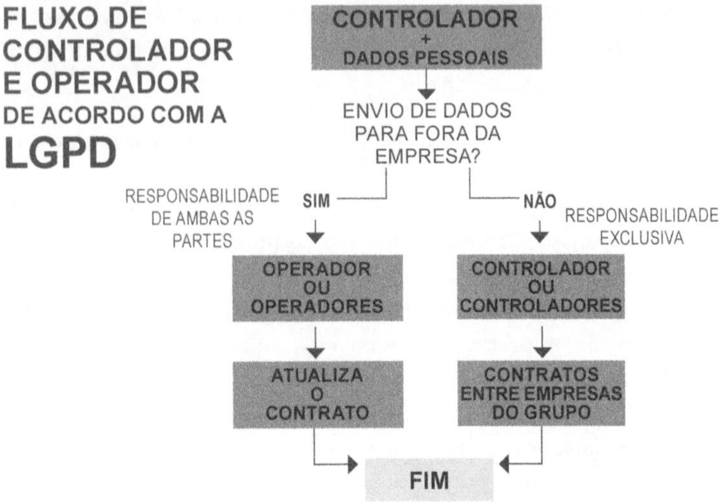

Fonte: Desenvolvido na ferramenta Canvas e elaboração própria.

Mais do que assinar um contrato, ambas as partes precisam estar cientes das responsabilidades e dos deveres, e os funcionários precisam ser treinados e saber interagir com os titulares de dados, caso necessário.

Os contratos precisam deixar claros os papéis e objetivos entre as partes, conforme determina a lei:

> Art. 42. O controlador ou o operador que, em razão do exercício de atividade de tratamento de dados pessoais, causar a outrem dano patrimonial, moral, individual ou coletivo, em violação à legislação de proteção de dados pessoais, é obrigado a repará-lo.
> § 1º A fim de assegurar a efetiva indenização ao titular dos dados:
> I – o operador responde solidariamente pelos danos causados pelo tratamento quando descumprir as obrigações da legislação de proteção de dados ou quando não tiver seguido as instruções lícitas do controlador, hipótese em que o operador equipara-se ao controlador, salvo nos casos de exclusão previstos no art. 43 desta Lei;
> II – os controladores que estiverem diretamente envolvidos no tratamento do qual decorreram danos ao titular dos dados respondem solidariamente, salvo nos casos de exclusão previstos no art. 43 desta Lei.

Como mencionado anteriormente, a implementação, tanto no controlador quanto no operador, dos requisitos de segurança trazidos pela ISO 27001[3] ajudará a empresa na implantação de requisitos de segurança exigidos pela LGPD, por exemplo, a gestão de *logs* ativos revisados e de fácil leitura, para auditorias e fiscalizações em caso de vazamento de dados, conforme descreve o art. 43:

> Art. 43. Os agentes de tratamento só não serão responsabilizados quando provarem:
> I – que não realizaram o tratamento de dados pessoais que lhes é atribuído;
> II – que, embora tenham realizado o tratamento de dados pessoais que lhes é atribuído, não houve violação à legislação de proteção de dados; ou
> III – que o dano é decorrente de culpa exclusiva do titular dos dados ou de terceiros.

Além disso, é importante observar os itens da Seção I – Da Segurança e do Sigilo de Dados do Capítulo VII da LGPD e aplicar controles para garantir que o operador está atuando de acordo com essa lei.

E, por fim, na Seção II – Das Boas Práticas e da Governança, dispõe o art. 50:

> Art. 50. Os controladores e operadores, no âmbito de suas competências, pelo tratamento de dados pessoais, individualmente ou por meio de associações, poderão formular regras de boas práticas e de governança que estabeleçam as condições de organização, o regime de funcionamento, os procedimentos, incluindo reclamações e petições de titulares, as normas de segurança, os padrões técnicos, as obrigações específicas para os diversos envolvidos no tratamento, as ações educativas, os mecanismos internos de supervisão e de mitigação de riscos e outros aspectos relacionados ao tratamento de dados pessoais.
> § 1º Ao estabelecer regras de boas práticas, o controlador e o operador levarão em consideração, em relação ao tratamento e aos dados, a natureza, o escopo, a finalidade e a probabilidade e a gravidade dos riscos e dos benefícios decorrentes de tratamento de dados do titular.

---

3 Para a adoção dos requisitos de segurança contidos na Norma ISO/IEC 27001, não é necessário obter a certificação, mesmo porque, dependendo do tamanho da empresa, o valor e a manutenção são inviáveis. A sugestão é avaliar os requisitos contidos no Anexo A da norma como forma de ajudar a criar o processo de segurança da informação e, posteriormente, de proteção de dados pessoais.

> § 2º Na aplicação dos princípios indicados nos incisos VII e VIII do *caput* do art. 6º desta Lei, o controlador, observados a estrutura, a escala e o volume de suas operações, bem como a sensibilidade dos dados tratados e a probabilidade e a gravidade dos danos para os titulares dos dados, poderá:
> I – implementar programa de governança em privacidade que, no mínimo:
> a) demonstre o comprometimento do controlador em adotar processos e políticas internas que assegurem o cumprimento, de forma abrangente, de normas e boas práticas relativas à proteção de dados pessoais;
> b) seja aplicável a todo o conjunto de dados pessoais que estejam sob seu controle, independentemente do modo como se realizou sua coleta;
> c) seja adaptado à estrutura, à escala e ao volume de suas operações, bem como à sensibilidade dos dados tratados;
> d) estabeleça políticas e salvaguardas adequadas com base em processo de avaliação sistemática de impactos e riscos à privacidade;
> e) tenha o objetivo de estabelecer relação de confiança com o titular, por meio de atuação transparente e que assegure mecanismos de participação do titular;
> f) esteja integrado a sua estrutura geral de governança e estabeleça e aplique mecanismos de supervisão internos e externos;
> g) conte com planos de resposta a incidentes e remediação; e
> h) seja atualizado constantemente com base em informações obtidas a partir de monitoramento contínuo e avaliações periódicas;
> II – demonstrar a efetividade de seu programa de governança em privacidade quando apropriado e, em especial, a pedido da autoridade nacional ou de outra entidade responsável por promover o cumprimento de boas práticas ou códigos de conduta, os quais, de forma independente, promovam o cumprimento desta Lei.

Além de todo o cuidado com as cláusulas contratuais e a análise de riscos, é necessária a elaboração de indicadores para garantir a manutenção e a melhoria contínua no processo de segurança e proteção de dados do ambiente do fornecedor e de sua equipe. Esses indicadores de desempenho (KPI) e riscos (KRI) deverão ser criados com a ajuda do encarregado de dados e da equipe responsável pela segurança da informação e da área demandante pelo serviço/produto do controlador.

David Parmenter, em seu livro *Key Performance Indicators*, afirma que os KPIs são "um conjunto de medidas com foco nos aspectos do desempenho organizacional que são os mais críticos para o sucesso atual e futuro da empresa".

Os indicadores são ferramentas para medir a eficácia do negócio em relação aos seus processos e ao desempenho. Além disso, servem para apoiar e embasar a tomada de decisão do gestor quanto ao planejamento estratégico.

Os Indicadores Chave de Performance – KPIs mostram se a empresa está mantendo ou progredindo em direção a suas metas, enquanto os Indicadores Chave de Risco – KRIs ajudam a empresa a entender as mudanças no perfil do seu risco. Eles são os responsáveis por medir os riscos potenciais e por permitir ações em tempo hábil, garantindo, desse modo, o sucesso de uma organização. Como ambos trabalham com os objetivos da organização, cada Indicador Chave de Risco deve refletir os impactos negativos que podem atingir os Indicadores Chave de Performance.

Para determinar os Indicadores Chave, seja de Performance ou de Risco, alguns princípios devem ser observados. O principal deles é ter profundo conhecimento sobre as estratégias organizacionais que podem afetar o atingimento dessas metas. Além disso, eles devem:

- ser mensuráveis;
- ser previsíveis, ou seja, fornecer sinais de que pode ocorrer;
- ser comparáveis durante um período;
- ter uma pessoa responsável pelo acompanhamento dos indicadores; e
- estar inseridos no contexto do negócio.

Os indicadores podem ser criados com a ajuda da ISO/IEC 27004:2016 e da ISO/IEC 27005:2018.

A ISO/IEC 27004:2016 fornece orientações com o objetivo de auxiliar as organizações a avaliarem o desempenho da segurança da informação e a eficácia do SGSI.

Por sua vez, a ISO/IEC 27005:2018 fornece diretrizes para o processo de gestão de riscos de segurança da informação.

Outra forma de criar os indicadores é elaborando um *checklist* com os critérios a seguir:

- defina quais processos serão monitorados: o primeiro passo é definir quais setores e processos precisam ser avaliados para confirmar se estão contribuindo para os objetivos traçados no planejamento;
- crie metas e objetivos: metas são números que se deseja alcançar em determinado período para atingir os objetivos organizacionais;
- defina indicadores SMART:
  - Específico (*specific*);
  - Mensurável (*measurable*);
  - Alcançável (*attainable*);

    - Relevante (*relevant*);
    - Prazo (*term*).
- estabeleça a metodologia de coleta e análise de dados: definir como será a metodologia para usar os KPIs elaborados. Devem ser levadas em consideração a forma de coleta de dados, responsável pelo acompanhamento, e a periodicidade da coleta; e
- acompanhe resultados: após todos os KPIs, métodos de coletas e medições definidos, deverá ser criada uma rotina de acompanhamento.

Outros *frameworks* podem ajudar na elaboração do processo de gestão de contratos e fornecedores, bem como na elaboração e no acompanhamento dos indicadores. Os mais aderentes à LGPD são o ITIL e o COBIT.

Disciplinas ITIL	LGPD
Gerenciamento de riscos	DPIA – Criar Relatório de Impacto para serviços e produtos que possam acarretar risco aos dados pessoais utilizados.
Gerenciamento de segurança da informação	Criar sistema de segurança da informação (políticas, plano de mitigação de riscos, contingência, manual de uso da infraestrutura de TI).
Gerenciamento de fornecedor	Elaborar novos contratos e aditivos com requisitos para atendimento da conformidade, bem como indicadores para monitoramento de modo a garantir a efetividade dos serviços.
Gerenciamento de mudança, liberação e testes	Garantir que serviços e projetos novos ou alterados mantenham a proteção de dados, bem como a coleta mínima necessária e o acesso apenas a quem necessite.
Disponibilidade, capacidade e continuidade	Garantir monitoramento do ambiente para evitar incidentes, indisponibilidade dos serviços e plano de contingência, *backups* ativos adequadamente, caso haja necessidade de remediação do ambiente. Esses ambientes precisam de testes periódicos.
Gestão de nível de serviços e catálogo	Criar indicadores e prazo de atendimento de acordo com os requisitos definidos pela Lei ou órgãos reguladores para atendimento aos titulares e respostas a fiscalizações ou incidentes.
Gestão da configuração	Mapear e manter atualizada a lista de ativos, serviços que tenham dados pessoais e *baseline* de configuração padrão, para garantir maior segurança nos ativos.
Gestão de incidentes, problemas, eventos	Política de gestão e resposta a incidentes, bem como monitoramento preventivo para proteção do ambiente contra violações e fluxo de comunicação.
Gestão de requisitos e central de serviços	Podem ser responsáveis pelo primeiro contato por meio do canal de comunicação com o titular.
Gestão de acesso	Política de controle de acesso – somente tem acesso a determinados dados pessoais quem efetivamente precise acessá-los.
Desenho de serviços	Adotar metodologia de proteção de dados em todos os produtos e serviços por todo seu ciclo de vida – considere *Privacy by Design* e *By Default*.

Fonte: Elaboração própria.

O COBIT (*Control Objectives for Information and Related Technologies*) é baseado na norma ISO/IEC 38500, que estabelece um modelo para a Governança Corporativa de TI. É um *framework* que permite que a TI seja governada e gerida de forma holística, podendo ser aplicada em toda a organização, ou seja, abrange o negócio de ponta a ponta.

O ITIL (*Information Technology Infrastructure Library*) é um conjunto de boas práticas operacionais que pode ser aplicado na gestão de TI de uma empresa. Ele envolverá rotinas que atingem a infraestrutura, a operação e a manutenção de serviços e equipamentos digitais. O principal objetivo do ITIL é a melhoria da qualidade dos serviços de tecnologia da informação de uma empresa, por meio de uma gestão com foco no cliente, o que possibilita a organização poder fazer uma política que alinhe a TI ao *core business* da corporação e às suas principais estratégias de mercado.

CONCLUSÃO

A jornada de adequação à LGPD exige um esforço comum de todas as áreas da empresa, que devem se envolver desde o processo de mapeamento até a implementação de medidas de adequação.

O esforço conjunto das áreas da empresa poderá promover um engajamento na adequação que vai além da conformidade, podendo trazer benefícios, além de controles e eliminação de sanções. Esse processo possibilita identificar vários benefícios estratégicos, como a evolução e o aprimoramento de seus negócios de maneira lícita, ética e responsável.

Ao cumprir as disposições da LGPD, as empresas mostram ter foco no cliente e no tratamento de seus dados de maneira ética, aberta e transparente, o que possibilita a construção de uma imagem de credibilidade e confiança, além de se tornar um fator concorrencial relevante, na medida em que o dado vem sendo cada vez mais para a fidelização e a personalização dos produtos e serviços ofertados aos clientes, o que pode ser, também, uma vantagem competitiva.

A conformidade à LGPD possibilita visibilidade e vantagem competitiva no que se refere à contratação entre empresas. Uma vez que há possibilidade de corresponsabilização sobre incidentes e riscos reputacionais relacionados ao tratamento indevido de dados, as empresas buscarão fornecedores, prestadores de serviço e produto adequados à LGPD ou que estejam seriamente comprometidos para isso. Assumir riscos ao compartilhar dados pessoais de seus clientes ou funcionários com empresas que não estejam igualmente aderentes à lei ou comprometidas em estar poderá acarretar riscos que comprometam a imagem, os serviços e o equilíbrio financeiro.

Trata-se de um efeito dominó: as empresas em conformidade com a LGPD optarão por contratar com empresas que demonstrarem adotar o mesmo nível de aderência à Lei, em detrimento de outras que não aceitam ou não estão se adequando.

Dessa forma, a elaboração de contratos aderentes à LGPD e as demais regras que a completam são essenciais para o futuro da empresa.

15. FLUXO PRÁTICO PARA ADEQUAÇÃO À LGPD, COM APOIO EM NORMAS DA ISO/IEC

Adrianne Lima
Davis Alves

Conforme previsto no art. 50 da LGPD, os controladores devem adotar normas de segurança da informação e padrões técnicos que favoreçam a governança em privacidade. Partindo dessa visão, o encarregado pelo tratamento de dados fica responsável por "orientar os funcionários e os contratados da entidade a respeito das práticas a serem tomadas em relação à proteção de dados pessoais" (art. 41, III, da LGPD).

> Art. 50. Os controladores e operadores, no âmbito de suas competências, pelo tratamento de dados pessoais, individualmente ou por meio de associações, poderão formular regras de boas práticas e de governança que estabeleçam as condições de organização, o regime de funcionamento, os procedimentos, incluindo reclamações e petições de titulares, **as normas de segurança, os padrões técnicos**, as obrigações específicas para os diversos envolvidos no tratamento, as ações educativas, os mecanismos internos de supervisão e de mitigação de riscos e outros aspectos relacionados ao tratamento de dados pessoais (grifos nossos).

As normas internacionais da ISO (*International Organization for Standardization* – Organização de Padronização Internacional) são compostas por um grupo de normas técnicas com o objetivo de observar como as empresas se comportam em um determinado seguimento, compará-las e definir uma padronização de mercado que sirva como melhor prática.

Entre as normas ISO, as que agregam valor durante um projeto de adequação à LGPD e que servem como base de orientação para o trabalho do DPO (*Data Protection Officer*) são:

- ISO 38500 – Governança Corporativa de TI;
- ISO 31000 – Gestão de Riscos Corporativos;
- ISO 27001 – Sistema de Gestão da Segurança da Informação;
- ISO 27005 – Gestão de Riscos de Segurança da Informação;
- ISO 27002 – Controles de Segurança da Informação;
- ISO 27701 – Extensão para Gestão da Privacidade da Informação.

Tais normas podem ser utilizadas pelas empresas, contribuindo na implementação e respeitando um fluxo prático, com relações de entradas e saídas entre elas, servindo como pré-requisito para que o encarregado prepare a empresa para receber a adequação. O fluxo prático desse relacionamento é apresentado na figura a seguir:

Modelo de fluxo prático das normas ISO para DPO

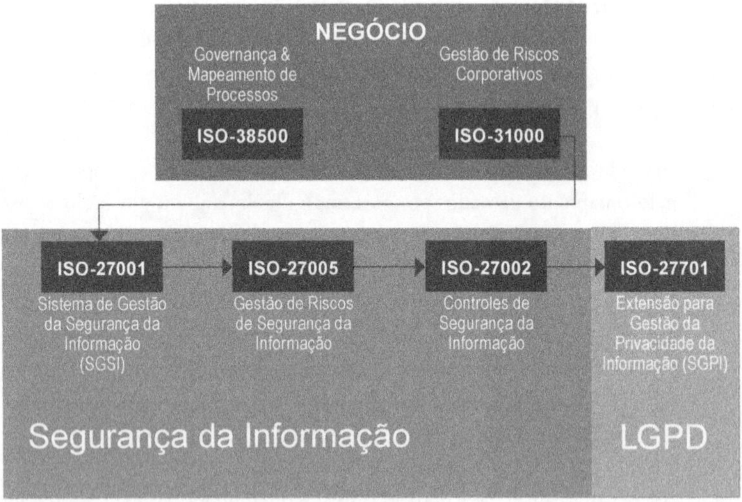

Fonte: Elaboração própria.

Há uma abordagem em que as normas ISO possam se relacionar, de modo que a anterior sirva como pré-requisito para que a posterior seja implementada. Também são apresentados três grandes grupos nos quais essas normas se enquadram: Negócio, Segurança da Informação e Legislação (LGPD).

Vale destacar que o valor não está em certificar a empresa, mas sim que a pessoa responsável adote e verifique os benefícios que as respectivas normas trazem.

ESTÁGIO 1: FOCO NO NEGÓCIO

ISO/IEC 38500 – Esta norma foca na Governança de TI, a qual contribuiu para o mapeamento dos processos, não apenas de TI, mas sim de toda a empresa. Um dos primeiros requisitos a verificar na empresa não deve ser a implementação das medidas de proteção de dados, mas sim se a forma de trabalho da empresa: [1] está documentada; [2] possui distribuição das responsabilidades; [3] possui atividades que geram valor para o negócio; [4] reconhece por onde os dados pessoais estão sendo inseridos; e [5] não coleta dados pessoais além do necessário. Para precisão de todos esses pontos, se faz necessário um ambiente com processos mapeados.

De modo geral, para o início correto do trabalho de adequação à LGPD por qualquer pessoa, é necessário que a empresa possua uma organização significativa. Tal fator pode ser facilmente obtido por meio de práticas de governança e mapeamento de processos, por exemplo, da norma internacional ISO 38500, sendo esta a primeira a ser observada dentro de uma empresa.

Dica prática! Inicie com o mapeamento dos processos corporativos para que possa construir seu estudo de caso e reconhecer o ambiente no qual você está como encarregado pela proteção dos dados pessoais.

ISO/IEC 31000 – Com foco na gestão de riscos corporativos, essa norma apresenta uma estrutura para tratamento de riscos que podem impactar no negócio da empresa. Uma vez que a empresa já possui processos mapeados, agora é importante saber qual área é mais crítica para o negócio e, assim, focar nas medidas de segurança.

No tocante a ferramentas que contribuem para a ISO/IEC 31000, pode-se utilizar:

1) Plano de Continuidade do Negócio (PCN) – Prepara a empresa com ações para serem tomadas em caso de eventos que impactem a progressão das atividades da empresa. O DPO deve estar atento às etapas do PCN que envolverem a manipulação de dados pessoais, e ter um PCN ajuda a dar prioridades às áreas críticas do negócio que foram impactadas por violações de dados pessoais;
2) Plano de Recuperação de Desastres – Procedimento que foca na restauração das atividades causadas por incidentes de grande porte, que podem ter como causa uma violação de dados pessoais que indiretamente favoreceu um outro de magnitude maior. Saber o que deve ser feito caso um desastre aconteça pode contribuir para que o DPO cumpra os prazos previstos pela Autoridade Nacional de Proteção de Dados, uma vez que tais desastres tenham impactos em dados pessoais.
3) Plano de Gestão de Crises – Quando um incidente ou desastre acontece, eles podem impactar diretamente a imagem da empresa, os funcionários ou até mesmo o DPO. Dessa forma, ter um Plano de Gestão de Crises é uma ótima ferramenta para ser acionada enquanto a restauração do negócio estiver sendo prosseguida pelo time de incidentes ou desastre. Para que a empresa foque na gestão dos dados pessoais, ter um plano de gestão de crises pode ser útil de modo que o DPO o invoque durante os procedimentos de restauração dos dados pessoais.

Como exemplo prático, pode-se ter um supermercado X, em que o negócio é realizar vendas pela internet. Desse modo, por meio de uma análise de riscos corporativa, foi possível identificar que o fornecimento de *links* de internet é um ativo estratégico que pode impactar diretamente. Assim, as medidas para mitigar essas áreas críticas devem ser previstas nessa etapa. Entretanto, isso só é possível porque a empresa já conhece o processo, ou seja, já aplica a ISO/IEC 38500 descrita anteriormente.

Tanto a ISO 38500 quanto a ISO 31000 são ligadas diretamente à parte estratégica da empresa, focadas no negócio. Desse modo, ambas contribuem para o mapeamento do cenário atual em que o DPO futuramente inserirá as práticas de privacidade. Sem os benefícios que essas normas trazem para a empresa, torna-se dificílimo que se implementem práticas de proteção de dados alinhadas ao negócio. De nada adianta proteger dados pessoais que não agreguem valor ao negócio.

ESTÁGIO 2: FOCO NA SEGURANÇA DA INFORMAÇÃO

ISO/IEC 27001 – Traz como benefício o desenho e a aplicação do Sistema de Gestão de Segurança da Informação (SGSI), uma vez já definidos os objetivos de negócio da empresa tendo processos de governança mapeados (ISO 38500) e áreas críticas identificadas (ISO 31000). É necessário que as empresas tenham claro qual é a importância da segurança da informação em seus processos, se realmente desejam a privacidade. Entretanto, muitas ainda enxergam essa área como opcional ou complementar às atividades. Como a própria norma traz, é necessário que as empresas:

a) entendam o contexto da organização, estabelecendo quais são as políticas e os objetivos internos;
b) estabeleçam um processo de análise de risco tecnológico; e
c) adotem controles físicos, técnicos e organizacionais que, juntos, formam o grande SGSI.

Muitas empresas estão falando de privacidade, mas sequer têm computadores com sistemas de antivírus, *firewall*, monitoramento de redes ou políticas de trocas de senhas. Essas são medidas essenciais para proteger não apenas informações tradicionais, mas também dados pessoais. Tais direcionamentos podem ser aplicáveis por meio de ferramentas que, em forma de documentos, ajudam a direcionar como os esforços de segurança devem ser seguidos na empresa. Dentre elas, estão:

1) Política de Segurança da Informação (PSI) – Documento necessário que dá direcionamentos sobre como a segurança da informação deverá ser aplicada e seguida dentro e fora da empresa. É por meio dessa política que divulgamos a todos os envolvidos as medidas físicas, técnicas e organizacionais que a empresa segue. Como exemplo, a gestão dos acessos à internet deve estar contemplada na PSI. Não podemos monitorar os sites que os funcionários acessam na empresa, sem que tenham ciência de que estão sendo monitorados e também tenham dado tal aceite. Para tal monitoria, é necessário identificar os usuários, dessa forma a empresa também realiza um tratamento de dados pessoal. Se não foi estabelecida uma cultura para que a política de segurança da informação seja seguida, a política de privacidade que será desenvolvida futuramente ou como uma continuação dessa primeira também terá grandes dificuldades de ser aplicada na empresa. O DPO deve ter isso como um

filtro inicial antes de iniciar a implantação dos controles de proteção de dados pessoais.

2) Código de Conduta – É o documento que define aspectos comportamentais na empresa, os quais envolvem a segurança da informação. Grande parte das violações acontece por falhas humanas, sendo elas intencionais ou não intencionais; desse modo, evitar comportamentos que favoreçam situação em que exista vazamento de dados é de extrema importância. Exemplo: não utilizar dados confidenciais em áreas públicas; ao ver tal situação, afastar a pessoa que está realizando tal manipulação. Essa ação também pode evitar a confidencialidade dos dados pessoais.

Uma vez observados os objetivos e como a segurança da informação contribui para a empresa, deve-se agora realizar uma análise de riscos tecnológicos para se estimar quais ameaças podem colocar em xeque o SGSI. Para isso, agora pode utilizar a ISO 27005 abordada na sequência.

ISO/IEC 27005 – Gestão de riscos de segurança da informação. É onde são identificados, tanto por meios quantitativos como por meios qualitativos, os riscos que podem impactar na gestão da segurança da informação. A norma ISO 27005 traz uma estrutura que pode servir como "esqueleto" para que tal estimativa seja possível, sendo formada por:

a) Estabelecimento do contexto: os riscos mudam de acordo com o cenário de cada empresa, cidade, região ou até mesmo país. O DPO deve saber em qual contexto a segurança da informação e, futuramente, a privacidade serão aplicadas. Por exemplo: uma loja de varejo que utiliza sistema de câmeras e está localizada ao lado de igrejas possui um risco maior de identificação de dados pessoais sensíveis, do que essa mesma loja localizada em outro bairro. Ou seja, o mesmo negócio, coletando o mesmo tipo de dados pessoais, mas em um contexto diferente, que nesse caso a variável é localidade e vizinhança, vai exigir diferentes controles para a proteção dos dados pessoais. Um DPO deve ter isso em mente;

b) Identificação de riscos: após estabelecido o contexto, é necessário um levantamento dos riscos a que está inserido nos processos. Para isso, podem-se utilizar técnicas baseadas em opinião de especialistas ou por meio de dados estatísticos, com intuito de quantificar a ocorrência dos riscos levantados por um determinado período;

c) Análise e avaliação de riscos: nessa etapa, os riscos levantados deverão ser analisados de modo que sejam estimadas as probabilidades de ocorrência deles, verificando também o seu impacto nos processos de negócio e nas tecnologias. Por exemplo: para a mesma loja de varejo, um risco levantado pode ser o vazamento das imagens das câmeras, e, uma vez identificado que foi contratada uma empresa de monitoramento que realiza suas atividades remotas, existe um risco de o servidor das câmeras (*DVR/Standalone*) ser acessado por *hackers* remotamente. E se tal risco se concretizar, o impacto (avaliação dos riscos) poderá ser a identificação das pessoas que frequentam o local e, de acordo com o contexto, existe grande probabilidade de elas frequentarem as igrejas, gerando um banco de dados que pode ser utilizado para fins preconceituosos. Portanto, o diretor de segurança (CISO) deve conduzir tal processo e, quando solicitado, encaminhar ao encarregado para que ele preveja a existência de dados pessoais;

d) Tratamento dos riscos: uma vez analisados os riscos, elencar medidas preventivas, detectivas, corretivas e restauradoras que devem ser realizadas. Essas medidas podem evitar tais riscos, reter, transferir ou mitigar. As medidas que envolvem dados pessoais não devem ser tomadas somente pelo CISO – executivo de segurança –, sem que o encarregado também seja envolvido, pois este definirá se elas são suficientes. Em caso negativo, poderá ser realizada uma consulta com a autoridade;

e) Monitoramento e análise crítica (contínua): nenhum sistema de gestão é permanente. De modo a garantir a melhoria contínua, é necessário o monitoramento constante, no mínimo anualmente, para verificar se novos riscos que impactem dados pessoais surgem. Caso positivo, o CISO e o encarregado devem ser invocados para uma análise crítica e planejamento das medidas cabíveis;

f) Comunicação e consulta (contínua): também de modo contínuo, a comunicação e a consulta devem ser realizadas durante todo o processo de gestão de riscos. Isso, além de garantir a transparência, conforme previsto no art. 5º, VI, da LGPD, também permite o compartilhamento das responsabilidades no tratamento dos dados pessoais em riscos gerais de segurança.

Vale destacar que tanto a ISO 31000 quanto a ISO 27005 são normas para gestão de riscos que compartilham o mesmo "esqueleto" em sua estrutura, entretanto, possuem objetivos diferentes. A ISO 31000 explora riscos corporativos, enquanto a ISO 27005 trata dos riscos de segurança da informação.

Em resumo, a gestão de riscos de segurança da informação é uma tarefa crucial não apenas para o CISO, mas também para o encarregado, que não pode realizar o seu trabalho de proteger os dados pessoais sem que exista a proteção geral das informações da empresa.

ISO/IEC 27002 – Uma vez geridos os riscos, medidas para tratamento deles são necessárias, para isso, a ISO 27002 serve como um código de boas práticas por meio do qual os profissionais de segurança e encarregados podem se beneficiar por meio de diretrizes já testadas pelo mercado. O escopo da norma refere-se a medidas físicas, técnicas e organizacionais que totalizam 114 controles que podem ser aplicados a riscos de segurança da informação que também impactam em dados pessoais, estando em harmonia com o art. 46 da LGPD no que se refere a "cabe ao controlador a adoção de medidas técnicas e administrativas para proteção dos dados pessoais".

Vale destacar também a existência de prioridades na adoção dos controles. Controles físicos estão no topo da lista, sendo mais eficientes que os controles técnicos/lógicos, e estes, por sua vez, mais do que controles organizacionais. Na LGPD, o termo "controles organizacionais" é apresentado como "controles administrativos", enquanto no Regulamento Europeu de Proteção de Dados (GDPR) o termo "organizacional" é mantido no art. 32.

Também é importante salientar que os profissionais de segurança não precisam adotar, necessariamente, os 114 controles da ISO 27002, mas sim os que são justificáveis aos processos da empresa. Por exemplo: Trabalho Remoto (controle A.6.2.2) só é aplicável se a empresa realmente possui colaboradores que trabalham remotamente.

Em suma, a ISO 27002 serve tanto para o CISO como um *checklist* de pré-requisitos como para o DPO para verificar o que a empresa já possui referente à segurança da informação, pois novamente afirmamos que não é possível ter privacidade sem segurança da informação, sendo a primeira uma extensão da segunda.

ESTÁGIO 3: FOCO NA LEGISLAÇÃO (LGPD)

ISO/IEC 277701 – É a norma internacional sobre privacidade da informação. Uma vez que diversos países possuem suas leis de proteção de dados, se faz necessária uma regulamentação que padronize os principais pontos similares entre essas leis, para que os profissionais mantenham uma base que sirva como aderência para todas as letras, além de apresentar controles e requisitos técnicos cujos detalhes não cabem à lei.

Vale destacar que essa norma é uma extensão da ISO 27001 e da ISO 27002, uma vez que estas já apresentam os requisitos que uma empresa deve possuir para a segurança da informação e os controles, respectivamente. Ou seja, para uma empresa usufruir dos benefícios da ISO 27701, ela já deve possuir essas anteriores.

Em uma aplicação prática e muito útil, pode-se interpretar que, para as empresas aderirem a programas de privacidade por meio da proteção de dados, é um pré-requisito a esta já possuir um sistema de gestão da segurança da informação (SGSI) com controles de segurança operantes.

Em suma: Não existe privacidade sem segurança!

Desse modo, para que haja adequação com a LGPD, é necessário que a empresa possua os benefícios das ISOs 27001 e 27002, cuja estrutura é apresentada na figura a seguir:

Visão geral das normas ISO/IEC para complemento na adequação à LGPD, servindo de apoio

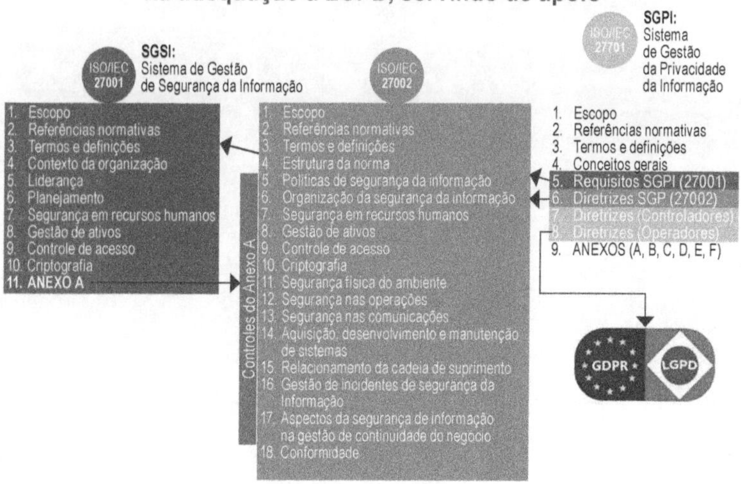

Fonte: Elaboração própria.

É possível valer-se das ferramentas administrativas (medidas) necessárias para um SGPI sustentável e adequação à LGPD na seção Normativos Internos.

Em suma, as normas ISO estruturadas na sequência apresentada durante este capítulo podem servir tanto como um *checklist* de pré-requisitos que as empresas devem ter antes de iniciar a adequação com a LGPD, mas também como conhecimentos básicos que o DPO deve possuir para preparar um cenário pró-LGPD, sendo eles: O [1] mapeamento de processos (ISO 38500); [2] uma gestão de riscos corporativos (ISO 31000); [3] o sistema de gestão da segurança da informação (ISO 27001); [4] a gestão de riscos técnicos (ISO 27005); [5] a aplicação das medidas de segurança da informação (ISO 27002); e [6] o estabelecimento de um sistema de gestão que garanta a privacidade da informação alinhada com a Lei Geral de Proteção de Dados Pessoais.

16. NORMATIVOS INTERNOS PARA DEMONSTRAR GOVERNANÇA EM PRIVACIDADE

Adrianne Lima
Davis Alves

POLÍTICA DE PRIVACIDADE

Nesse documento, estão todos os direcionamentos sobre a importância da privacidade dentro e fora da empresa. Pode ser também criada de modo independente ou como continuação à antiga Política de Segurança da Informação – PSI. Entretanto, essa abordagem pode perder o foco na privacidade. É normalmente um documento externo, com foco no cliente, que, além de informar o comprometimento com o tema (e com a lei), também norteia os titulares sobre como seus direitos podem ser requisitados pela empresa, além de também informar o nome do DPO responsável. Esse documento pode servir como evidência para aplicação dos arts. 5º, 9º e 18 da LGPD de forma indireta. Um exemplo de item que cabe a essa política pode ser: "Nossa empresa garante que os seus dados pessoais não serão comercializados com outras entidades e se trataremos apenas para a finalidade proposta".

POLÍTICA DE PROTEÇÃO DE DADOS

Nesse outro documento, com foco mais interno, são apresentadas as medidas técnicas que todos os funcionários, fornecedores e clientes que utilizam estrutura interna da empresa (mesmo em conexão remota) devem cumprir para que a empresa de fato proteja os dados pessoais e assim garanta a privacidade de todos os titulares. Deve ser criado pelo departamento de privacidade, tendo o DPO como responsável pela autorização da versão final, e cabendo ao RH divulgar aos colaboradores. É um documento que pode ser apresentado junto ao contrato de trabalho e ao código de ética, do qual os funcionários normalmente formalizam a ciência no momento da contratação. Esse documento pode servir como evidência para aplicação dos arts. 46 a 50 da LGPD de forma indireta. Um exemplo de item que cabe a essa política é: "Todos os funcionários da nossa empresa se comprometem a armazenar os dados pessoais apenas nos sistemas autorizados, não sendo permitida cópia em nenhum meio sem a devida autorização do gestor departamental".

CÓDIGO DE CONDUTA

Este já é um documento que visa garantir que comportamentos comprometam a privacidade dos titulares. Muitas das vezes as medidas contidas nas políticas não são suficientes, sendo necessárias algumas recomendações culturais para o bom convívio em sociedade na empresa. Para tais direcionamentos, ter um código de conduta que garanta comportamentos éticos se faz necessário para a proteção dos dados pessoais. Esse documento pode servir como evidência para aplicação dos arts. 50 e 51 da LGPD de forma indireta. Um exemplo de item que pode ser contemplado por um Código de Conduta é: "Evite o uso de celulares em locais públicos na empresa, e, ao perceber que alguém está digitando ao próximo a você, convém se afastar para garantir a privacidade – que é um esforço de todos".

RELATÓRIO DE IMPACTO PARA A PROTEÇÃO DE DADOS

Em modo literal, é a documentação do controlador que contém a descrição dos processos de tratamento de dados pessoais que podem gerar riscos às liberdades civis e aos direitos fundamentais, bem como medidas, salvaguardas e mecanismos de mitigação de risco. Também a autoridade nacional poderá determinar ao controlador que elabore relatório de impacto à proteção de dados pessoais, inclusive de dados sensíveis, referente a suas operações de tratamento de dados, nos termos de regulamento, observados os segredos comercial e industrial.

Comumente, é referido a esse documento utilizando o termo em inglês DPIA (*Data Protection Impact Assessment*), cabendo ao DPO dar o aceite final para prosseguir ou não com o tratamento do dado pessoal após apresentação do grau de exposição ao risco a que ele está sujeito. Esse relatório está previsto nos arts. 5º, 10 e 38 da LGPD.

FORMULÁRIO DE REPORTE DA VIOLAÇÃO DE DADOS PESSOAIS PARA O TITULAR

Instrumento exigido para a comunicação aos titulares quando a empresa controladora for protagonista de um incidente com os dados pessoais daquele titular. Esse procedimento está previsto no art. 48 da LGPD:

> Art. 48. [...]
> § 1º A comunicação será feita em prazo razoável, conforme definido pela autoridade nacional, e deverá mencionar, no mínimo:
> I – a descrição da natureza dos dados pessoais afetados;
> II – as informações sobre os titulares envolvidos;
> III – a indicação das medidas técnicas e de segurança utilizadas para a proteção dos dados, observados os segredos comercial e industrial;
> IV – os riscos relacionados ao incidente;
> V – os motivos da demora, no caso de a comunicação não ter sido imediata; e
> VI – as medidas que foram ou que serão adotadas para reverter ou mitigar os efeitos do prejuízo.

FORMULÁRIO DE REPORTE DE VIOLAÇÃO DE DADOS PESSOAIS PARA A ANPD

Procedimento que deve ser seguido pelo DPO para reporte dos incidentes de dados pessoais para a Autoridade Nacional de Proteção de Dados. Na Europa, existem autoridades supervisoras que automatizaram o processo, deixando formulários eletrônicos em seus respectivos sites, tendo o prazo de até 72 horas. No Brasil, cabe à ANPD o direcionamento sobre o processo.

17. ADEQUAÇÃO DOS CONTRATOS À LGPD

Daniela Samaniego

A Lei Geral de Proteção de Dados Pessoais (Lei n. 13.709/2018) impacta em toda espécie de relação entabulada na sociedade, e estas, em sua maioria, são formalizadas por meio de contratos. Desse modo, tais instrumentos também precisarão se adequar às exigências contidas na lei, razão pela qual é primordial que toda instituição, ao iniciar seu procedimento de adequação, priorize a revisão dos contratos já existentes (base legada), a fim de ajustá-los, apropriadamente, aos mandamentos contidos na lei de proteção de dados brasileira. Como fazer? Qual o impacto da LGPD nas relações contratuais? O que muda, de fato, nesses documentos? Esse é o objetivo deste capítulo.

QUAL O IMPACTO DA LGPD NAS RELAÇÕES CONTRATUAIS? O QUE MUDA?

Não é novidade que um contrato bem elaborado pode evitar futuros transtornos, já que se baseia em um acordo, por meio do qual se estabelecem regras que direcionam as partes e regulamentam seus direitos e deveres na relação firmada. E, para tanto, mister se faz que suas cláusulas se expressem de maneira clara e específica, com o propósito de que os direitos e as responsabilidades de cada parte envolvida restem bem estabelecidos, evitando incertezas e a insegurança jurídico-social delas decorrentes. Transparência e objetividade são, portanto, palavra de ordem.

Lado outro, contudo, é fato que a confecção de contratos, seja ele qual for, requer o tratamento de dados pessoais e, em determinados casos, até mesmo de dados pessoais sensíveis, de modo que a LGPD proporciona a necessidade de adequação das disposições contratuais, possibilitando que estas continuem a servir de instrumento de garantia de observância da norma, sem descurar do respeito à privacidade dos titulares dos dados.

Importante ressaltar, inclusive, que os contratos são importante instrumento, também nas relações pertinentes à proteção de dados, posto que fixam os limites de responsabilização, decorrentes de possíveis danos acarretados durante o tratamento.

Por isso, é importante que controladores e operadores firmem contratos, antes mesmo de iniciar suas ações, por meio dos quais deverão estipular, de maneira clara e específica, a finalidade e os objetivos (do tratamento a ser realizado), buscando evitar possíveis confusões futuras.

Definir, em uma relação fática, quem são os controladores e quem são os operadores não é tarefa fácil, mormente porque, dependendo do tratamento a ser realizado, uma mesma pessoa pode ser controladora em um e operadora em outro, o que ressalta, ainda mais, a importância de se traçar limites bem definidos em cada uma de suas etapas.

Em maio de 2021, a Autoridade Nacional de Proteção de Dados (ANPD) disponibilizou, em seu site, um "Guia Orientativo para Definições dos Agentes de Tratamento de Dados Pessoais e do Encarregado"[1], que auxilia a delimitar esses papéis e, por consequência, as responsabilidades deles decorrentes.

Importa ressaltar, porém, que nada impede que o operador tome decisões. Estas, contudo, se darão sempre em âmbito operacional (como armazenar os dados, como eles serão excluídos ao final do tratamento, que meios de segurança serão utilizados etc.), diferentemente das decisões tomadas pelo controlador, que se encontram em uma camada mais estratégica, no sentido de definir, por exemplo: quando iniciará o tratamento dos dados, ou que espécie de dados será coletada, para quais fins etc.

---

1 BRASIL, ANPD (Autoridade Nacional de Proteção de Dados). Guia Orientativo para Definições dos Agentes de Tratamento de Dados Pessoais e do Encarregado. Disponível em: <https://www.gov.br/anpd/pt-br/assuntos/noticias/anpd-publica-guia-orientativo-sobre-agentes-de-tratamento-e-encarregado>. Acesso em: 8-7-2021.

Com base nisso, é possível atinar que o nível das decisões a serem tomadas é que definirá se o agente é controlador ou operador, nos dando uma ideia da importância da limitação correta dos papéis exercidos por cada agente. Nesses termos, a realização de bons contratos nesse sentido poderá servir de importante diferencial de mercado.

Já não é segredo que a lei brasileira de proteção de dados pessoais sofreu forte influência do Regulamento Geral Europeu (RGPD) e, no que concerne a obrigação contratual, a legislação europeia é rigorosa, no sentido de exigir um contrato escrito para regulamentar a relação entre controlador e operador.

A legislação brasileira não faz qualquer menção expressa quanto a essa exigência, todavia, o art. 39 da LGPD determina que compete ao operador realizar o tratamento de acordo com as instruções fornecidas pelo controlador, e que este último, por sua vez, deverá verificar a observância de suas instruções, bem como das normas pertinentes à matéria.

Com base nesse artigo, podemos pressupor que um contrato seria a melhor solução para formalizar e regulamentar essa relação, mesmo porque, um pouco mais à frente (art. 42), a LGPD prevê a responsabilização dos agentes de tratamento, em caso de danos causados aos titulares dos dados, e, nesse ponto, determina que a responsabilidade do controlador estará balizada no fato de o operador ter, ou não, observado suas instruções.

A existência de um contrato favorece e instrumentaliza as partes em caso de litígios ou discussões futuras, principalmente no que se refere à responsabilização. Não é demais recordar que os controladores possuem um grau de responsabilidade que ultrapassa a dos operadores, em virtude da natureza das funções que exercem. Desse modo, o contrato se revela como um importante passo, que poderá auxiliar o controlador no tocante ao seu papel, inclusive como fiscalizador dos atos praticados pelo operador. Isso porque, por meio de um contrato bem entabulado, com cláusulas assertivas, o controlador pode se prevenir de assumir obrigações excessivas, além de ter condições de afastar responsabilidades que, a princípio, não lhe competem.

Insta ressaltar que, no tocante a essa definição de papéis, o que será considerado é a função, por cada um exercida, no decorrer do tratamento, de maneira que de nada adianta designar uma pessoa como controladora se ela apenas atua sob o comando de outrem, em clara evidência de ser operadora.

É de extrema relevância analisar o grau de detalhes das decisões tomadas, a fim de verificar se, de fato, o agente é um controlador ou um operador.

A própria *Information Comissioner's Office* – ICO, autoridade de proteção de dados inglesa, se manifesta, a esse respeito, no sentido de que: "Isso pode ser difícil e há evidências de confusão por parte de algumas organizações quanto às suas respectivas funções e, portanto, suas responsabilidades de proteção de dados"[2].

E, com vistas a sanar essa questão, a autoridade (supramencionada) apresenta uma lista objetiva de perguntas[3] para definir o papel de cada agente e, segundo ela, são exemplos de decisões que competem, apenas, ao controlador: a iniciativa da coleta de dados e a base legal para o tratamento; que dados pessoais precisarão ser coletados; para que os dados pessoais serão utilizados; quais titulares de dados serão alvo da coleta; se os dados coletados poderão, ou não, ser compartilhados e com quem serão compartilhados; e por quanto tempo os dados deverão ser retidos.

Na mesma linha de raciocínio, a lista infere que compete ao operador decisões, por exemplo: a respeito dos métodos a serem empregados para a coleta de dados; a forma como esses dados deverão ser armazenados; os mecanismos de segurança que devem ser aplicados; os métodos que devem ser utilizados para cumprimento dos prazos de retenção; e os meios para deleção dos dados.

Nesta senda: "A designação contratual das funções das partes não é decisiva para determinar o *status* real das partes sob a lei de proteção de dados se for diferente do que está acontecendo na prática"[4].

---

2 Tradução livre dos autores. REINO UNIDO. *Information Commissioner's Office* – ICO. Controllers and processors. Guide to Data Protection. Guide to the General Data Protection Regulation (GDPR). Disponível em: <https://ico.org.uk/for-organisations/guide-to-data-protection/guide-to-the-general-data-protection-regulation-gdpr/controllers-and-processors/>. Acesso em: 8-7-2021. No original: "This can be difficult, and ther is evidence of confusion on the parto f some organisations as to their respective roles and therefore their data protection responsibilities".

3 REINO UNIDO. ICO. Disponível em: <https://ico.org.uk/for-organisations/guide-to-data-protection/guide-to-the-general-data-protection-regulation-gdpr/controllers-and-processors/how-do-you-determine-whether-you-are-a-controller-or-processor/#1>. Acesso em: 8-7-2021.

4 Tradução livre dos autores. USTARAN, Eduardo (Coord.). *European Data Protection:* Law and Practice. 2. ed. IAPP: EUA, 2019. No original: "The contractual designation of the parties roles is not decisive in determining the actual status of the parties under data protection law if it differs form what is happening in practice".

Não podemos esquecer, ainda, que o § 2º do art. 50 da LGPD, ao exigir a estruturação de um sistema de Governança de Privacidade, informa que um dos seus aspectos fundamentais reside em mecanismos de supervisão (internos e externos) que podem (e devem) restar formalizados por meio de contratos.

Uma vez demonstrada a importância da delimitação dos papéis nos contratos, importa verificar o perfil de cada contrato a fim de analisar qual postura deverá ser adotada em cada caso: se mais conservador, será preciso um grau de elevado rigor com relação às cláusulas, e o inverso será verdadeiro.

Nesse ponto, é importante avaliar o grau de risco do contrato, com vistas a identificar as medidas ou estratégias necessárias a serem adotadas sem, contudo, olvidar que toda atividade de tratamento de dados é, por si só, uma atividade de risco.

As estratégias, todavia, são essenciais para diferenciar contratos que demandam cláusulas mais robustas por seu elevado risco, exigindo um olhar mais crítico. E todas possuem, como ponto de partida, a compreensão da outra parte com quem se está contratando, além do risco que o objeto desse contrato envolve.

Alguns pontos são cruciais e precisam ser bem analisados no tocante à avaliação dos riscos. Dentre eles, citamos, a título de exemplo, a existência de dados sensíveis ou de tratamento de dados de crianças e adolescentes que, por si só, demandam maior atenção e, até mesmo, o prazo do contrato, posto que, quanto maior o prazo, em regra, maior é o risco do tratamento.

Contratos com riscos mais elevados exigem margem mínima de negociação, reservando as cláusulas mais simplificadas e com maior flexibilidade para os contratos de risco mais controlado.

Um exemplo prático, a esse respeito, se refere à cláusula padrão:

> A parte garante que implementa todas as medidas técnicas e administrativas aptas à proteção dos dados pessoais de acessos não autorizados e de situações acidentais ou ilícitas de destruição, perda, alteração, comunicação ou qualquer forma de tratamento inadequado ou ilícito.

Muito comuns na prática, seu uso é recomendável, apenas, para contratos de baixo risco.

Nos contratos de risco elevado, recomenda-se que a equipe de tecnologia ou segurança de informação crie e formate um anexo, com medidas detalhadas e específicas, tais como as mencionadas no RGPD: criptografia, anonimização e pseudonimização, entre outras.

Um mapeamento dos riscos e um relatório de impacto poderão ser extremamente úteis para essa análise, e o apetite institucional para o risco é que dará o tom da vez, determinando como isso influenciará nas estratégias a serem definidas e adotadas.

O Relatório de Impacto à Proteção e Dados (RIPD), também conhecido por DPIA (*Data Protection Impact Assessment*), como é tratado no RGPD, encontra previsão no art. 5º, XVII, da LGPD, como uma documentação do controlador, que contém a descrição dos processos de tratamento de dados pessoais que podem gerar riscos, bem como as medidas, as salvaguardas e os mecanismos usados para mitigar esses riscos.

Nesse sentido, o RIPD é importante quando da introdução de novos processos, sistemas ou tecnologias de tratamento de dados, visto que serve como apoio para o **princípio da responsabilidade** ou *accountability* previsto não só no RPGD, mas também na LGPD, auxiliando na comprovação de que as medidas técnicas e organizacionais foram devidamente observadas.

Ainda no que concerne às mudanças, decorrentes da lei de proteção de dados brasileira, importa observar que os contratos, de forma geral, sempre que se referirem a alguma forma de tratamento de dados pessoais (seja de maneira direta ou indireta), precisarão contemplar os princípios constantes no texto da Lei n. 13.709/2018, dentre os quais destacamos: a finalidade, a necessidade, a adequação e a responsabilidade (supracitado).

Nesse mesmo contexto, e diretamente relacionado ao princípio da finalidade, não podemos esquecer o princípio *Privacy by design*, segundo o qual a proteção da privacidade dos titulares dos dados deve ser resguardada desde o início do tratamento, tomando por base o disposto no art. 46 da LGPD, *caput* e § 2º, que assim expressa:

> Art. 46. Os agentes de tratamento devem adotar medidas de segurança, técnicas e administrativas aptas a proteger os dados pessoais de acessos não autorizados e de situações acidentais ou ilícitas de destruição, perda, alteração, comunicação ou qualquer forma de tratamento inadequado ou ilícito.
>
> [...]

§ 2º As medidas de que trata o *caput* deste artigo deverão ser observadas **desde a fase de concepção do produto ou do serviço** até a sua execução (grifos nossos).

Outro princípio importante a ser considerado é o **princípio da necessidade**, que possui estreita ligação com o princípio *Privacy by default* ou privacidade por padrão, ao determinar que se adote a privacidade como padrão de comportamento, só fazendo uso do estritamente essencial e necessário.

De fato, quanto menos dados tratados, menores as chances de causar danos a alguém em decorrência desse tratamento e, consequentemente, menores são os riscos de responsabilização.

Ao lado desses princípios, sem qualquer pretensão de esgotá-los neste tópico, entendemos ser necessário recordar, ainda, a importância do **princípio da responsabilidade**, conhecido no direito público pelo termo *accountability*, que determina que aquele que realiza o tratamento (seja de maneira direta ou indireta) deve estar sempre pronto e devidamente preparado para prestar contas, se questionado pelo titular dos dados ou, até mesmo, pela autoridade nacional.

Portanto, quem trata dados pessoais deve se manter, sempre, munido de documentações que respaldem e garantam a legalidade e a legitimidade de seu tratamento, possibilitando a correta prestação de contas, quando necessário.

Esses princípios, dentre outros, deverão constar expressamente nos contratos entabulados, da mesma forma que os direitos dos titulares.

Além disso, é de extrema importância que se mencionem, no contrato, os padrões de segurança que forem observados no decorrer do tratamento, bem como as providências que poderão ser tomadas, em casos de incidentes ou de violações de segurança. Questões que poderão mitigar e abrandar as multas, caso precisem ser aplicadas, por revelar a preocupação, desde o início, com regras de segurança e de proteção que busquem assegurar os direitos fundamentais dos titulares de dados.

A proteção de dados requer um comportamento proativo, e, portanto, a previsão expressa desses pontos revela mais do que uma precaução, revela conformidade, compromisso e responsabilidade com os direitos fundamentais da pessoa humana. Elas geram sentimento de confiança, tão importante e essencial em relacionamentos firmados sob a égide da LGPD e em tempos de sociedade da informação.

É imperioso, ainda, ressaltar que essas precauções precisarão ser tomadas em toda espécie de contrato celebrado, que envolva de certa forma tratamento de dados pessoais, independentemente de se tratar de pessoa física ou jurídica. Isso porque até mesmo nos contratos firmados entre pessoas jurídicas poderá ocorrer violação ou infrações referentes a dados de pessoas físicas, como seus representantes legais ou procuradores.

POR ONDE COMEÇAR? PLANEJANDO A REVISÃO DOS CONTRATOS

Conscientes das alterações decorrentes do novo texto legal, resta-nos, portanto, efetivar as adequações necessárias e, para tanto, cumpre, em primeiro plano, estabelecer um planejamento para a revisão de toda a documentação, dentre esta, os contratos.

Nesse ponto, é inevitável questionar: "Por onde começar?". Como primeiro passo, é essencial mapear os documentos e contratos já existentes.

Mapeamento dos contratos vigentes - um ponto essencial

Um início importante, em todos os aspectos, consiste no reconhecimento da área, e, para isso, um bom mapeamento dos contratos já existentes consistirá em um importante passo. Um passo que exigirá tempo e muito trabalho, mister se faz reconhecer, mas que fornecerá o conhecimento necessário para a caminhada rumo à adequação e à conformidade de toda e qualquer instituição, seja pública ou privada.

Esse primeiro passo deve consistir em uma verdadeira auditoria interna, a fim de identificar os pontos falhos, a tempo de saná-los, e de fortalecer os pontos positivos por meio da inserção de novas cláusulas que possam adequá-los aos princípios e às bases previstos na LGPD.

Importante que, durante o mapeamento, os contratos sejam organizados e separados por categorias, facilitando trabalhos futuros, já que estarão bem delimitados: os que demandam compartilhamento, os que contêm dados sensíveis, os que possuem dados de crianças e adolescentes, enfim, uma organização necessária, pois fornecerá uma visão panorâmica da situação da instituição, diante das exigências da LGPD, e que possibilitará, inclusive, que seja realizada uma segunda classificação, agora para análise dos documentos que necessitarão de reestruturação, em virtude da necessidade de consentimento expresso e destacado, por exemplo.

Com base nessa análise, será mais fácil verificar a necessidade de realização de aditivos ou, a depender do caso, novos contratos em substituição aos anteriores.

No que concerne à base legada, porém, o bom senso é sempre muito importante, todavia, será preciso aguardar a ANPD dispor a respeito do prazo para essa regularização.

Revisão dos contratos – no caminho para a adequação

Ciente dos documentos e suas categorias, bem como das bases legais para o tratamento, o próximo passo consiste na revisão de todos eles: contratos com clientes, parceiros, funcionários, fornecedores etc.

Nessa etapa, algumas cláusulas poderão ser incluídas ou, simplesmente, fortalecidas para buscar a adequação do documento. Dentre elas, podemos citar, a título de exemplo, cláusulas que definam e delimitem as responsabilidades das partes no contrato, cláusulas que determinem padrões mínimos de segurança da informação, cláusulas a respeito de transferência internacional de dados e compartilhamentos e outras mais.

Frisamos que, como já mencionado no início deste capítulo, o resultado da avaliação dos riscos e o apetite institucional para eles é que irão direcionar essa etapa do processo de adequação. A esse respeito, interessante mencionar as chamadas cláusulas padrão, emitidas pela Comissão Europeia, mesmo antes da publicação do Regulamento de proteção de dados europeu, e que se referem à transferência internacional de dados.

Tais cláusulas, também conhecidas como **cláusulas contratuais tipo**, deverão se referir unicamente à proteção de dados com vistas a assegurar, nas transferências internacionais, proteção similar entre os países contratantes, cabendo-lhes definir as medidas de segurança técnicas e organizativas que um subcontratante, estabelecido em um país terceiro, deverá observar com vistas a garantir um nível de segurança considerado adequado[5].

---

5 UNIÃO EUROPEIA. Comissão Europeia. Decisão da comissão de 5 de fevereiro de 2010, relativa a cláusulas contratuais tipo, aplicáveis à transferência de dados pessoais para subcontratantes estabelecidos em países terceiros, nos termos da Directiva 95/46/CE do Parlamento Europeu e do Conselho. Disponível em: <https://eur-lex.europa.eu/legal-content/PT/ALL/?uri=CELEX:32010D0087>. Acesso em: 8-7-2021.

Ademais, deverão ter, ainda, força executiva inclusive para os titulares dos dados, principalmente quando forem, estes, prejudicados em decorrência de uma violação do contrato[6]. Em igual teor, cláusulas sobre *compliance* e conformidade também são consideradas imprescindíveis para transmitir confiança e responsabilidade em um contrato, do mesmo modo que as que mencionam as políticas internas de privacidade e os códigos de ética e de segurança da informação.

Nessa mesma senda, não é demais chamar a devida atenção para a relevância da transparência e da objetividade para garantia da confiança, visto se encontrarem em uma relação paralela e proporcional de evolução. Desse modo, quanto maior a transparência, maior também é a confiança depositada e, por óbvio, falar em transparência significa se referir a informações devidamente precisas e suficientemente claras nos instrumentos de contrato, principalmente com relação ao tratamento de dados pessoais.

Cláusulas que informam a maneira como os dados são coletados e que tipo de dados são coletados são exemplos que primam pela transparência. Da mesma forma, as cláusulas que esclarecem os direitos dos titulares, informando como poderão exercê-los, sobre a possibilidade da revogação do consentimento e suas consequências e impactos no contrato entabulado.

A LGPD elenca, em seu art. 9º, as informações que considera necessárias para atender o princípio do livre acesso, determinando que sejam informados de forma clara, adequada e ostensiva, além das já mencionadas no parágrafo anterior, também: a finalidade do tratamento, sua forma e duração (excetuando, obviamente, os casos de sigilo comercial e industrial), a identificação do controlador e seus dados de contato e as informações sobre compartilhamento de dados (se houver).

O art. 28 do RGPD, por sua vez, traz alguns temas que considera essenciais nos contratos entre operador e controlador, tais como a duração, o tipo dos dados envolvidos, o dever de confidencialidade de todos os que tratam os dados quando do momento da finalização do tratamento, a formalização das instruções do controlador para o operador, a questão da aplicação das medidas de segurança (não só no aspecto técnico como, ainda, no administrativo), sem falar na necessidade de supervisão dos operadores por parte do controlador.

6 Idem.

O uso de notificações informando a respeito do impacto da lei de proteção de dados, ressaltando que a não adequação do contrato à lei poderá acarretar o rompimento da relação entabulada, pode se mostrar como uma boa estratégia para adequação da base legada, desde que em contratos de baixo risco de impacto.

Trata-se de simples notificação, mas que acarreta evidências positivas no que concerne à análise e à avaliação dos riscos, demonstrando a adoção de medidas com vistas a tratá-los e remediá-los.

Mister se faz, ainda, que essas informações estejam disponíveis, ou seja, plenamente acessíveis a todas as partes envolvidas na relação contratual estabelecida, bem como (seguindo os parâmetros do RPGD e da LGPD) a todos os titulares dos dados a serem tratados.

Além disso, é de grande importância adotar um comportamento proativo e, tomando por base o princípio do *privacy by design*, agir com a máxima precaução, desde o início do tratamento, por meio de cláusulas contratuais preventivas que expliquem, por exemplo, qual é a política de privacidade da empresa e como serão realizadas as respostas em casos de vazamento de dados ou outros incidentes de segurança, além do prazo para a resposta, especificando, desde já, as medidas que deverão ser adotadas para minimizar esses riscos e, em último caso, solucioná-los.

Insta ressaltar, ainda, que essas diretrizes preventivas demandam a necessidade de estratégias para cada fase do ciclo de vida de um dado pessoal, cabendo ao fornecedor, ou ao prestador de serviço, que esteja figurando como operador, obedecer às mesmas regras e determinações.

Um bom programa de segurança da informação é imprescindível!

Apesar de a LGPD não se restringir à segurança da informação, como muitos erroneamente ainda pensam (e nesse caso é importante desmistificar), essa espécie de segurança é importante quando se trata de assegurar a privacidade.

A segurança da informação é, apenas, um dos passos para estar em conformidade com o disposto no texto legal, posto que a lei determina sobre a necessidade de "medidas técnicas e administrativas aptas a proteger os dados pessoais", estabelecendo, em seu art. 6º (VII), como um de seus princípios basilares (princípio da segurança).

Com base nisso, a lei de proteção de dados brasileira determina, ainda, que as garantias de observância dos princípios legais serão analisadas conforme essas medidas técnicas de segurança (art. 35, § 5º) e, também, que a indicação e a comprovação dessas medidas influenciarão no juízo de gravidade, quando da ocorrência de incidentes de segurança, funcionando como meios mitigadores da aplicação da pena (art. 48, § 1º, III, e § 3º).

Dados apresentados no *Global Risk Report* 2020, publicado pelo Fórum Econômico Mundial[7], indicaram que os custos decorrentes de crimes cibernéticos para as empresas, até 2021, encontram-se estimados em cerca de 6 trilhões de dólares e que os riscos tecnológicos emergentes podem causar uma corrosão do discurso social e ameaçar a estabilidade econômica, vindo a exacerbar a competência geoestratégica e pressionar a segurança nacional e internacional.

Para tanto, necessária se faz uma atualização considerável da governança tecnológica em todos os níveis.

Outro estudo, realizado pelo Instituto Ponemon e encomendado pela IBM Security, constatou que o Brasil é o país que mais tempo leva para identificar e conter incidentes de segurança.

De acordo com esse estudo, o prejuízo causado por uma violação de dados pode chegar a R$ 5,88 milhões para as empresas brasileiras. Um aumento considerável de 10,5% com relação aos anos anteriores. A média global, nesse sentido, foi de 3,8 milhões de dólares, para as 524 companhias de 17 setores, que foram afetadas por vazamento de dados em 17 países[8].

Um fato preocupante, levantado pelo estudo, foi o de que o Brasil foi o país que levou mais tempo para identificar e conter um vazamento de dados: cerca de 380 dias. São 100 dias a mais do que a média verificada em outros países. Constatou-se que o Brasil demora, em média, 265 dias para identificar o vazamento e 115 dias para conter, enquanto

---

7 EUA. World Economic Forum. The Global Risk Report 2020. Disponível em: <http://reports.weforum.org/global-risks-report-2020/>. Acesso em: 8-7-2021.

8 EUA. Relatório de Custo da violação de dados 2020. Disponível em: <https://www.ibm.com/databreach>. Acesso em: 8-7-2021.

a média dos demais países é de 207 dias para identificar e 73 dias para conter.

Além disso, o estudo identificou também que 47% dos vazamentos se dão por ataques mal-intencionados, 28% ocorrem por falhas no sistema e 25% por falha humana.

A pesquisa mencionada verificou, ainda, que empresas que implementaram tecnologias de automação de segurança sofreram uma redução de mais da metade dos custos: de 6 milhões de dólares para uma média de 2,45 milhões de dólares[9].

O remédio, portanto, consiste na precaução e, principalmente, na proteção adequada, por meio de gestão de vulnerabilidades (que permitam visualizar ameaças e fragilidades por meio de varreduras periódicas, a fim de identificar causas possíveis de riscos de segurança a fim de saná-las a tempo hábil), gestão de identidades e de acessos, e gestão de configuração.

Nesse aspecto, é preciso conscientizar a todos que estabelecer uma cultura de segurança significa muito mais do que segurança tecnológica propriamente dita, mas envolve o comportamento e as ações de todos os que compõem a empresa, em todos os setores.

Uma mudança de cultura é primordial para o momento, e deve começar pelos dirigentes, pelo mais alto escalão, e não excluir ninguém, todos deverão estar envolvidos.

Por fim, são necessárias a manutenção e a análise, de modo constante e frequente, das medidas de segurança e, para tanto, insta manter a documentação de todas as atividades realizadas no decorrer do processo, investindo, sempre, em treinamento de pessoal e capacitação de todos os colaboradores.

Trata-se, portanto, de medidas que trazem segurança com relação ao tratamento dos dados e podem auxiliar consideravelmente na redução dos custos organizacionais.

---

9 CAMBRIDGE, EUA. Estudo da IBM mostra que contas comprometidas de funcionários levaram às violações de dados mais caras durante o ano passado. 29-7-2020. Disponível em: <https://www.ibm.com/blogs/ibm-comunica/estudo-da-ibm-mostra-que-contas-comprometidas-de-funcionarios-levaram-as-violacoes-de-dados-mais-caras-durante-o-ano-passado/>. Acesso em: 8-7-2021.

Governança de dados - implementar ou incrementar, desde que já!

A implementação de uma cultura de governança de dados que mantenha a conformidade do tratamento, de maneira ética, lícita, transparente e responsável, alcançando toda a organização (do mais alto escalão ao menor), e que possibilite uma conscientização frequente e um engajamento consistente, é, como se pode perceber, essencial.

Bergson Rêgo Lopes ensina, a respeito, que se trata da governança que se preocupa com a gestão da organização e o controle de uma companhia, no que se refere aos dados e às informações com os quais trabalha, a fim de estabelecer políticas e diretrizes corporativas, que lhe possibilitem governar os dados e atribuir os papéis e responsabilidades vinculadas a essa atividade[10].

Nesse passo, é imperioso atribuir as respectivas responsabilidades internas e, em se tratando de proteção de dados, não é demais salientar que, quanto mais multidisciplinar for a equipe, maiores serão as chances de êxito.

Aproveitando o ensejo, questão relevante e que precisa ser desmistificada consiste na distinção entre governança de dados e governança de tecnologia de informação.

A governança de tecnologia de informação consiste em parte integrante da governança de dados, de maneira que esta é mais abrangente do que aquela, razão pela qual não se trata da mesma coisa, apesar da similaridade existente.

Uma governança de dados eficaz requer uma robusta e eficiente governança de tecnologia de informação. Dessa forma, uma boa governança de tecnologia de informação pode garantir maior sucesso à governança de dados.

Desta feita, compreende-se no conceito de governança de dados:

> A organização e implementação de políticas, procedimentos, estrutura, papéis e responsabilidades que delineiam e reforçam regras de comprometimento, direitos decisórios e prestação de contas para garantir o gerenciamento apropriado dos ativos de dados[11].

---

10 LOPES, Bergson Rêgo. *Gestão e governança de dados:* promovendo dados como ativo de valor nas empresas. Rio de Janeiro: Brasport, 2013. p. 286.

11 LADLEY, J. Data Governance: How to Design, Deploy and Sustain an Effective Data Governance Program. The Morgan Kaufmann Series on Business Intelligence. Morgan Kaufmann, 2012.

É importante também recordar, no que se refere à governança de dados, que a segurança no tratamento de dados não deverá ser observada apenas durante a coleta, mas em todo o tratamento, o que inclui o armazenamento, o transporte e, até mesmo, o descarte dos dados ao final. Nesse ponto, ressalte-se que há uma tendência a desconsiderar a importância do descarte, esquecendo que o simples ato de amassar um documento e jogar na lata do lixo pode gerar vazamento de dados importantes e proporcionar prejuízos consideráveis ao titular dos dados descartados. Todo cuidado com o descarte é necessário! O tratamento só termina após o descarte corretamente realizado.

Um competente e maduro programa de governança de dados cuidará para que isso se cumpra a contento.

BOAS PRÁTICAS PARA CONTRATOS E TERMOS DE CONSENTIMENTO

A própria lei de proteção de dados brasileira traz uma seção específica para tratar das boas práticas (Seção II do Capítulo VII) e da governança, reconhecendo sua importância:

> Art. 50. Os controladores e operadores, no âmbito de suas competências, pelo tratamento de dados pessoais, individualmente ou por meio de associações, poderão formular regras de boas práticas e de governança que estabeleçam as condições de organização, o regime de funcionamento, os procedimentos, incluindo reclamações e petições de titulares, as normas de segurança, os padrões técnicos, as obrigações específicas para os diversos envolvidos no tratamento, as ações educativas, os mecanismos internos de supervisão e de mitigação de riscos e outros aspectos relacionados ao tratamento de dados pessoais.

Nenhuma boa prática, contudo, poderá surtir efeitos se não for precedida de um bom trabalho de engajamento e conscientização, *top down* e em toda a instituição. Um processo de conformidade só logrará êxito se a liderança demonstrar que reconhece a importância do assunto, fornecendo os meios e suportes adequados para tanto.

Destarte, tomando por base o já disposto, consideramos que algumas cláusulas gerais são essenciais, como boas práticas, nos contratos atuais e, dentre elas, citamos a título de exemplificação:

a) Cláusulas que se refiram, expressamente, ao **compromisso com proteção de dados** e que determinem que as partes se obrigam a atuar em conformidade com a LGPD e se comprometem a cumprir as medidas de segurança, necessárias para garantir a confidencialidade dos dados, em todo o ciclo do tratamento (da coleta ao descarte). Importante conter, ainda nesse aspecto, cláusulas que explicitem o compromisso de não transferir ou negociar a propriedade dos dados e tampouco compartilhá-los sem a devida e prévia autorização do titular;

b) Cláusulas que estabeleçam a **obrigatoriedade do sigilo** no que concerne aos dados tratados;

c) Cláusulas que **fixem as responsabilidades** do controlador, do operador e do titular dos dados, expressando a isenção desta nos casos em que as informações, declarações ou documentações prestadas forem, comprovadamente, inidôneas ou incompletas;

d) Cláusulas que **ressaltem os direitos dos titulares** dos dados (tais como o de livre acesso, o de correção etc.) e as formas pelas quais estes poderão ser exercidos;

e) Cláusulas de **comunicação de incidentes de segurança**. Dever que, conforme o disposto no art. 48 da LGPD, compete exclusivamente ao controlador, e que nos remete a outro fator importante: a relevância da existência de um contrato entre controlador e operador em que conste (dentre outras regras e determinações) o dever do operador de informar para o controlador a ocorrência de toda e qualquer espécie de incidente ou violação de segurança no decorrer do tratamento dos dados, a fim de que este possa cumprir com o disposto na lei, garantindo, dessa forma, o direito dos titulares dos dados.

Importante ressaltar, ainda, que a eficácia de uma cláusula contratual é, geralmente, fortalecida por meio de previsão de multas, razão pela qual entendemos ser recomendável arbitrar um valor para os casos de seu descumprimento e, portanto, acrescentamos a necessidade de se manter expressa, nos contratos, a competente **Cláusula Penal**.

No que concerne ao consentimento, importa ainda salientar o **consentimento granulado**, que possibilita a autorização em separado ou fragmentada (pelo titular), para cada espécie de tratamento a ser realizada. Nesse caso, a gestão do tratamento se dividirá conforme as funcionalidades ofertadas.

Considerando que o consentimento precisa se manifestar de forma livre, informada e inequívoca, os **termos de consentimento** precisarão observar, sempre, a presença essencial de alguns itens, como a **finalidade do consentimento** (consentimento informado), bem como as questões acerca de possível **compartilhamento** (se for o caso) e, como já mencionado, o **direito de revogação** deste, a qualquer tempo e sem prejuízos para o titular.

18. COMO OS PROFISSIONAIS PODEM COLABORAR COM O JURÍDICO NA ELABORAÇÃO E REVISÃO DE CONTRATOS E NORMATIVOS INTERNOS

Umberto Correia

Sabemos que a abordagem da LGPD é multidisciplinar. Até mesmo a Corregedoria-Geral do Foro Extrajudicial de Santa Catarina reconheceu a necessidade por meio da publicação do Provimento n. 24/2020 do TJSC, que em seu art. 3º prevê que:

> Art. 3º Na implementação dos procedimentos de tratamento de dados, o responsável pela serventia extrajudicial deverá adotar as seguintes providências:
> I – **designar o encarregado pelo tratamento de dados pessoais**, conforme o disposto no art. 41 da LGPD;
> II – capacitar seus prepostos a respeito dos procedimentos de tratamento de dados; [...]
> § 2º No caso de serventia classificada como "Classe III" pelo Provimento n. 74 da Corregedoria Nacional de Justiça, de 31 de julho de 2018, o responsável pela Serventia Extrajudicial **deverá formar equipe de apoio multidisciplinar, composta por integrantes das áreas de tecnologia da informação, segurança de Informação e jurídica, para auxiliar as funções do encarregado** (grifos nossos).

É possível observar a indicação de encarregados pelo tratamento de dados pessoais com diferentes formações e com *soft/hard skills* diversas.

Há a contribuição de profissionais com diferentes *expertises* à governança da privacidade, dentre outras possibilidades:

PROFISSIONAIS DE TECNOLOGIA DA INFORMAÇÃO

- Implementação do Programa de Governança em Privacidade (aspectos de ordem técnica);
- Elaboração da Política de Proteção de Dados Pessoais;
- Entendimento sobre o fluxo de dados pessoais;
- Realização do inventário de dados pessoais;
- Mapeamento de riscos e indicação de possíveis mitigadores de riscos técnicos nos ambientes interno e externo da empresa;
- Orientação e aplicação sobre o processamento de dados pessoais;
- Consulta e implementação sobre as normas ISO (principalmente ISO 27001 e 27002);
- Indicação de possíveis melhorias aos processos que envolvem DP;
- Colaboração na integração e reestruturação do negócio.

PROFISSIONAIS DE SEGURANÇA DA INFORMAÇÃO

- Implementação do Programa de Privacidade (aspectos referentes à Segurança da Informação);
- Elaboração da Política de Privacidade;
- Consultas sobre temas relacionados à Segurança da Informação;
- A proteção da informação, com a identificação de *gaps* e melhorias para atendimento aos princípios da LGPD e os três critérios da Segurança da Informação: Confidencialidade, Integridade e Disponibilidade;
- Mapeamento de riscos e indicação de possíveis mitigadores de riscos de controles físicos e organizacionais de Segurança da Informação nos ambientes interno e externo da empresa;

- Consulta e implementação sobre as normas ISO (família ISO/IEC 27000, principalmente ISO/IEC 27001, 27002 e 27701);
- Colaboração na integração e reestruturação do negócio.

ADVOGADOS

- Implementação do Programa de Privacidade (aspectos jurídicos);
- Elaboração da Política de Privacidade;
- Identificação de leis e regulamentos de setor de atuação da empresa, bem como relacionamento com a LGPD e leis internacionais, para adequar processos e documentos com clientes, prestadores de serviço, empregados, fornecedores e parceiros de negócios;
- Elaboração de contratos e revisão de cláusulas em termos e contratos vigentes;
- Mapeamento de riscos e indicação de possíveis mitigadores de riscos jurídicos;
- Enquadramento de bases legais e cumprimento de princípios da LGPD;
- Atuação contenciosa.

19. BOAS PRÁTICAS PARA REVISÃO DE CONTRATOS, TERMOS E/OU DOCUMENTOS DE FACULDADES À LGPD

Nadia Guimarães

LGPD: POLÍTICA DE PRIVACIDADADE DE DADOS NAS INSTITUIÇÕES DE ENSINO

A Lei Geral de Proteção de Dados Pessoais (LGPD), de agosto de 2018, entrou em vigor e modificou a forma como os dados são tratados pelas Instituições de Ensino brasileiras.

Com isso, as Instituições passaram a determinar estratégias para se adequarem à atual legislação. A grande questão do momento é conciliar a LGPD com o escopo do negócio.

Para a busca dessa conciliação, faz-se necessária a adequação de procedimentos operacionais e de trabalho em várias áreas da Instituição de Ensino, além dos investimentos em pessoas, sistemas e tecnologias.

Para melhor entendimento da LGPD, no que compete a seus termos e conceitos, vejamos o que é definido no seu art. 1º:

> Art. 1º Esta Lei dispõe sobre o tratamento de dados pessoais, inclusive nos meios digitais, por pessoa natural ou por pessoa jurídica de direito público ou privado, com o objetivo de proteger os direitos fundamentais de liberdade e de privacidade e o livre desenvolvimento da personalidade da pessoa natural.

Isto é, identificar os dados sensíveis como direito fundamental da personalidade significa atestar ao indivíduo a perspectiva de controle, segurança, e a proteção de seus dados pertencentes. Para gerar demarcações e parâmetros para os tratamentos dos dados, esbarramos em princípios que precisam ser seguidos, impreterivelmente, para se manter dentro da lei, que são classificados em 10 categorias:

1) **Finalidade:** realização do tratamento para propósitos legítimos, específicos, explícitos e informados ao titular, sem possibilidade de tratamento posterior de forma incompatível com essas finalidades;
2) **Adequação:** compatibilidade do tratamento com as finalidades informadas ao titular, de acordo com o contexto do tratamento;
3) **Necessidade:** limitação do tratamento ao mínimo necessário para a realização de suas finalidades, com abrangência dos dados pertinentes, proporcionais e não excessivos em relação às finalidades do tratamento de dados;
4) **Livre acesso:** garantia aos titulares de consulta facilitada e gratuita sobre a forma e a duração do tratamento, bem como sobre a integralidade de seus dados pessoais;
5) **Qualidade dos dados:** garantia aos titulares de exatidão, clareza, relevância e atualização dos dados, de acordo com a necessidade e para o cumprimento da finalidade de seu tratamento;
6) **Transparência:** garantia aos titulares de informações claras, precisas e facilmente acessíveis sobre a realização do tratamento e os respectivos agentes de tratamento, observados os segredos comercial e industrial;
7) **Segurança:** utilização de medidas técnicas e administrativas aptas a proteger os dados pessoais de acessos não autorizados e de situações acidentais ou ilícitas de destruição, perda, alteração, comunicação ou difusão;
8) **Prevenção:** adoção de medidas para prevenir a ocorrência de danos em virtude do tratamento de dados pessoais;
9) **Não discriminação:** impossibilidade de realização do tratamento para fins discriminatórios ilícitos ou abusivos;
10) **Responsabilização e prestação de contas:** demonstração pelo agente da adoção de medidas eficazes e capazes de comprovar a observância e o cumprimento das normas de proteção de dados pessoais, inclusive da eficácia dessas medidas.

Tais princípios visam reforçar sobre boas condutas, evitando as práticas inadequadas. Como permeia, por exemplo, o da **adequação**: os dados pessoais tratados devem ser conciliáveis com a finalidade informada pela empresa. Ou seja, seu argumento deve fazer fundamento com a particularidade da informação que você solicita. Por exemplo: se o seu negócio é uma Instituição de Ensino, dificilmente será legítimo solicitar dados relativos à filiação sindical ou de cunho político. Então, se não é compatível, o tratamento se torna indevido.

Não há dúvidas de que deverá existir o consentimento do titular para a utilização dos seus dados pessoais, sendo que no momento da coleta as Instituições de Ensino devem fundamentar sobre a utilização, podendo ser em contrato de prestação de serviço com a **Política de Privacidade**. Além disso, a qualquer tempo, a pessoa possui o direito de entrar em contato com a Instituição para entender sobre o tratamento dessas informações.

A Instituição de Ensino deverá compreender como é realizado o tratamento de dados pessoais internamente, seus procedimentos de coleta, armazenamento e aplicação desses dados às exigências da LGPD.

Faz-se indispensável que todos os setores da Instituição de Ensino se indaguem sobre onde e como os dados pessoais estão sendo armazenados e quem tem acesso a essas informações, além disso, para onde os dados foram encaminhados e qual é a finalidade para utilização e se há base legal para isso. Por fim, para preservar as informações pessoais coletadas pela escola, é importante limitar o acesso à base de dados.

Como é a política de privacidade em uma Instituição de Ensino?

Quando o cliente/aluno fornece seus dados à Instituição de Ensino, é necessário ter um documento no qual fiquem registrados os processos e as práticas que serão empregados. Nesse documento, que será a política, e é apenas um de vários processos internos que a Instituição deverá criar, ficará registrado como os dados serão protegidos e tratados, cumprindo todas as regras da LGPD.

Para a criação do documento, a Instituição de Ensino precisa ter muito forte o conhecimento e a aplicabilidade da LGPD.

O que deve conter nessa política de privacidade?

É fundamental que a política esteja voltada para seu produto ou serviço, no caso, Instituição de Ensino, de forma clara, objetiva, de fácil compreensão para contribuir no entendimento.

Para a construção do documento, deverá constar:

1) **Para quem os dados são aplicáveis:** no caso de Instituição de Ensino, é importante considerar alunos, ex-alunos, candidatos, pais e/ou responsáveis legais e/ou financeiros, visitantes e qualquer pessoa que possa vir a ter relação com a escola;
2) **Como os dados são coletados:** pode ser considerado por meio de formulários, redes sociais, presencialmente, dados de navegação, ou seja, em qualquer interação que haja a inserção de informações com dados pessoais. A coleta de dados sempre será com consentimento do usuário;
3) **Quais dados pessoais ou dados sensíveis serão coletados:** as informações solicitadas são de acordo com os processos internos da Instituição, mas como sugestão são os dados necessários para cadastro e identificação, dados de contato, dados acadêmicos, dados financeiros, dados de imagem, som e voz, dados de identificação digital, dados de saúde;
4) **A finalidade da coleta:** isto é, de acordo com os objetivos do negócio, podendo ser coletado de acordo com uma ou mais finalidades, pautando-se nos padrões e princípios da necessidade. Como exemplo, para cumprir os dispositivos e obrigações legais;
5) **Com quem os dados serão compartilhados:** necessário manter a confidencialidade e a preservação dos dados, mas há situações como provedores, prestadores de serviço ou até mesmo fornecedores em que o compartilhamento se torna necessário para permanência e continuidade da prestação de serviço contratual;
6) **O tempo que os dados serão armazenados:** atrelar ao disposto nas normativas legais, tendo esse critério como tempo mínimo e máximo para a guarda e o armazenamento dos dados pessoais. Então, se há dispositivo do MEC sobre a permanência de uma determinada informação, precisará manter esse dado pelo mesmo tempo;
7) **Quem coleta os dados nos ambientes virtuais:** descrever se, além da sua Instituição de Ensino, há terceiros que também realizam coleta de dados pessoais;
8) **O titular dos dados possui direitos:** o art. 18 da LGPD preceitua sobre isso. Importante frisar ao cliente;

9) **Como a Instituição de Ensino armazena e protege os dados:** estabelecer medidas de segurança e criar política específica para isso;

10) **Onde a Instituição armazena os dados:** mencionar se é em território brasileiro ou estrangeiro;

11) **Sobre a responsabilidade da Instituição de Ensino:** é de preservar e usar apenas para os fins descritos na política de privacidade e em contrato, relacionando as práticas de segurança com o treinamento e a capacitação da equipe interna;

12) **Uso de *cookies*:** identificar quais são e para que são, podendo ter uma Política de *Cookies* apartada.

Importante ressaltar que a conformidade à LGPD deve considerar toda a forma de tratamento do dado pessoal, interna e externamente, visto que a terceirização de alguns serviços é prática da maioria das escolas, e como exemplo disso podemos citar a terceirização de serviços de impressão de documentos, o que impacta diretamente na gestão dos dados.

Outro ponto relevante, ainda mais explorado no período da pandemia da Covid-19, é que as escolas passaram a ministrar suas aulas em ambientes virtuais. No caso de gravação das aulas, como as escolas dispõem da imagem dos alunos, é necessário que elas façam o aceite do consentimento; para alunos menores de idade, é necessário ser feito também pelos pais e/ou responsáveis.

Nesse cenário, a Instituição de Ensino deve manter sua equipe de professores, suporte, secretaria acadêmica, ou seja, todos que terão envolvimento direto no processo treinados para entendimento efetivo do papel e responsabilidade quanto às práticas legais a privacidade e proteção de dados, sendo necessário o mesmo trabalho com os fornecedores da tecnologia, exigindo a comprovação de estar em conformidade com a LGPD.

Para concluir, sempre busque as melhores práticas de segurança e proteção, mantendo atualizados todos os documentos que permeiam as atividades.

20. CONTRATOS INTERNACIONAIS

Adrianne Lima

Em primeiro lugar, cabe destacar os conceitos da LGPD para a abordagem de contratos com partes no exterior. Dentre outros dispositivos legais, o art. 5º define que:

TRANSFERÊNCIA INTERNACIONAL DE DADOS: é a transferência de dados pessoais para país estrangeiro ou organismo internacional do qual o país seja membro (art. 5º, XV, da LGPD).

TRATAMENTO: toda operação realizada com dados pessoais, como as que se referem a coleta, produção, recepção, classificação, utilização, acesso, reprodução, transmissão, distribuição, processamento, arquivamento, armazenamento, eliminação, avaliação ou controle da informação, modificação, comunicação, transferência, difusão ou extração (art. 5º, X, da LGPD).

Sendo assim, são exemplos de transferência internacional de dados: o armazenamento de dados de pessoas no exterior, em *cloud computing*; o envio de e-mail contendo uma planilha com dados de clientes ou empregados, mesmo entre empresas do mesmo grupo econômico; dados pessoais, de qualquer forma, acessíveis por terceiros fora do Brasil.

A LGPD, em seu art. 33, restringe as transferências de dados pessoais para países ou organizações situadas fora do Brasil.

As restrições se aplicam a todos os casos em que ocorre a transferência de dados pessoais, não importando a frequência ou a quantidade de dados pessoais a ser transferida.

Enquanto a Autoridade Nacional de Proteção de Dados não define quais países ou organismos internacionais proporcionam grau de proteção de dados pessoais adequado à LGPD, os agentes de tratamento podem se valer, principalmente, de contratos bem redigidos para cumprirem o art. 33, II, da LGPD. Afinal, os negócios não podem parar, bem como a proteção de dados e a privacidade devem ser observadas.

Há a possibilidade de o agente de tratamento seguir com o estabelecimento de:

- cláusulas contratuais específicas para determinada transferência, com a previsão de condições contratuais relacionadas à temática de proteção de dados pessoais e privacidade;
- cláusulas-padrão contratuais, observando se a Autoridade Nacional de Proteção de Dados (ANPD), no Brasil, e a autoridade de proteção de dados de destino preveem alguma formalidade específica ao segmento de atuação das partes do contrato, ou especificidades entre países;
- normas corporativas globais, as quais são contratos entre organizações de um mesmo grupo econômico, sendo necessária a aprovação futura pela autoridade de proteção de dados;
- quando a autoridade nacional autorizar a transferência, sendo um caso específico aprovado pontualmente;
- quando o titular tiver fornecido o seu consentimento específico e em destaque para a transferência, com informação prévia sobre o caráter internacional da operação, distinguindo claramente esta de outras finalidades; ou
- quando necessário para atender as hipóteses previstas nos incisos II, V e VI do art. 7º da LGPD.

Não há um contrato único para contratos internacionais, uma vez que é necessário observar o posicionamento das autoridades de proteção de dados pessoais de cada país: Brasil e os países de destino, bem como a legislação de proteção de dados de cada país.

Uma possibilidade para saber qual a principal lei de proteção de dados vigente no país de destino é consultar: <www.dlapiperdataprotection.com/index.html>. O *site* traz um apanhado acerca de todas as leis de proteção de dados do mundo, permitindo que o usuário compare as leis de dois países distintos.

Sobre as orientações de cada autoridade, é possível citar o exemplo da autoridade de proteção de dados do Reino Unido – *Information Comissioner's Office* – ICO[1], que recomenda que:-20

- sempre que um controlador contrata um processador/operador, deve haver um contrato por escrito (ou outro instrumento legal) em vigor. O contrato é importante para que ambas as partes entendam suas responsabilidades e obrigações;
- se um processador/operador usa outra organização (ou seja, um subprocessador/suboperador) para auxiliar no processamento de dados pessoais para um controlador, ele precisa ter um contrato por escrito em vigor com esse subprocessador/suboperador;
- pode ser seguida, como base, a seguinte estrutura no contrato:
  - o objeto do tratamento;
  - a duração do tratamento;
  - a natureza e a finalidade do tratamento;
  - os tipos de dados pessoais envolvidos;
  - as categorias do titular dos dados;
  - as obrigações e os direitos do controlador;
  - o operador deve apenas agir de acordo com as instruções documentadas do controlador, a menos que exigido por lei agir sem tais instruções;
  - o operador deve garantir que as pessoas que processam os dados estejam sujeitas ao dever de sigilo;
  - o operador deve tomar as medidas adequadas para garantir a segurança do tratamento;
  - o operador só deve envolver um suboperador com a autorização prévia do controlador e sob um contrato escrito;
  - o operador deve tomar as medidas adequadas para ajudar o controlador a responder às solicitações de indivíduos para exercer seus direitos;

---

1 Referência consultada: <https://ico.org.uk/for-organisations/guide-to-data-protection/guide-to-the-general-data-protection-regulation-gdpr/international-transfers-after-uk-exit/>. Acesso em: 16-7-2021.

- levando em consideração a natureza do tratamento e as informações disponíveis, o operador deve auxiliar o controlador no cumprimento de suas obrigações legais em relação à segurança de tratamento, à notificação de violações de dados pessoais e avaliações do impacto da proteção de dados;
- o operador deve excluir ou devolver todos os dados pessoais ao controlador (à escolha do controlador) no final do contrato, e o operador também deve excluir os dados pessoais existentes, a menos que a lei requeira seu armazenamento; e
- o operador deve se submeter a auditorias e inspeções. O operador também deve fornecer ao controlador todas as informações necessárias para garantir que ambos estejam cumprindo com as obrigações legais.

Recentemente, a EDPB (*European Data Protection Board*) emitiu o Parecer Conjunto n. 2/2021 do Comitê Europeu para a Proteção de Dados (CEPD) e da Autoridade Europeia para a Proteção de Dados (AEPD) sobre a Decisão de Execução da Comissão Europeia relativa às cláusulas contratuais aplicáveis à transferência de dados pessoais para países terceiros[2], isto é: quando houver transferência de dados pessoais por organizações que estejam no Espaço Econômico Europeu para outros países que não estejam no EEE, o contrato que embasa o negócio jurídico deverá observar tais cláusulas determinadas – encontre no material complementar "Modelos" (com acesso por *QR Code* ou *link*) uma versão traduzida para o português para utilizar como base/exemplo.

Considerando todas as possibilidades comentadas, vale observar o que a ANPD pode vir a regulamentar, inclusive faz parte da Agenda regulatória, podendo haver novidades no primeiro semestre de 2022. O que também pode vir a ocorrer é ter que apresentar a via do contrato celebrado para validação da ANPD, podendo, eventualmente, esta vir a indicar eventuais ajustes.

2 Conferir: <https://edpb.europa.eu/our-work-tools/our-documents/edpbedps-joint-opinion/edpb-edps-joint-opinion-22021-standard_pt>. Acesso em: 16-7-2021.

21. TEMPO DE GUARDA DOS DADOS *VS.* PRESTAÇÃO DE SERVIÇO

Damarys Montes

Aqui trataremos do tempo de guarda de dados dentro do contexto da prestação de serviço. Isso porque há organizações que guardam dados físicos e eletrônicos, por anos, ainda que o contrato firmado entre as partes já esteja rescindido ou finalizado.

Vale destacar que essa prática gera imenso risco à luz da LGPD e, neste capítulo, entenderemos o porquê.

Há organizações que guardam os dados por anos, pensando em uma possível futura demanda administrativa ou judicial, em que sejam acionados; outras porque a prestação de serviços assim determina; e há as organizações que, simplesmente, se esquecem da existência desses dados em suas gavetas, armários, arquivos, nuvens, *data centers* ou qualquer outro meio de guarda de informações.

GUARDA DE DADOS PELA LEI

Há regras já preestabelecidas na legislação quanto à temporalidade de guarda de dados. Isso porque, em demandas administrativas ou judiciais, o dado vale muitas vezes a sobrevivência de uma organização, diante de um litígio, ou, ainda, minimamente, a resposta e a diminuição de risco ao demandado.

As limitações ao tratamento de dados pessoais, a qualquer tempo, não impedem o controlador de resguardar seus direitos, já que a LGPD, em seu art. 7º, V e IX, autoriza o tratamento de dados pelo controlador para exercício regular de direito, sempre que houver legítimo interesse, ou seja, sempre que houver uma base legal, é possível que os dados pessoais sejam armazenados, sem a necessidade de descarte.

Assim, vale destacar que, para as reclamações trabalhistas e previdenciárias, bem como ações cíveis, criminais, ambientais, tributárias e consumeristas, há, indubitavelmente, os prazos prescricionais previstos nas suas respectivas legislações, que trazem o período mínimo de guarda de dados e informações. Dessa forma, diante de um acionamento administrativo ou judicial, a parte demandada poderá apresentar suas provas documentais a respeito da solicitação do demandante. Diante desse possível acionamento perante os órgãos administrativos ou judiciais, a LGPD também corrobora com a sua previsão.

Como exemplo, podemos dizer que, por força de legislação específica, há certas informações que detêm prazo diferenciado para armazenamento, como os prontuários médicos, que possuem tempo de guarda de 20 anos contados a partir do último registro realizado. Falamos, aqui, de uma atividade peculiar que detêm um tempo de guarda considerável e, portanto, o controle desses dados deve ser muito bem armazenado.

O art. 16 da Lei é claro ao mencionar que está autorizada a conservação dos dados para as seguintes finalidades:

> I – cumprimento de obrigação legal ou regulatória pelo controlador;
> II – estudo por órgão de pesquisa, garantida, sempre que possível, a anonimização dos dados pessoais;
> III – transferência a terceiro, desde que respeitados os requisitos de tratamento de dados dispostos nesta Lei; ou
> IV – uso exclusivo do controlador, vedado seu acesso por terceiro, e desde que anonimizados os dados.

O artigo supraindicado determina a possibilidade de preservação dos dados, de acordo com as finalidades indicadas que devem, sempre, ser declaradas ao titular de dados, resguardando o previsto no art. 9º da Lei, que determina:

> Art. 9º O titular tem direito ao acesso facilitado às informações sobre o tratamento de seus dados, que deverão ser disponibilizadas de forma clara, adequada e ostensiva acerca de, entre outras características previstas em regulamentação para o atendimento do princípio do livre acesso:

I – finalidade específica do tratamento;
II – forma e duração do tratamento, observados os segredos comercial e industrial;
III – identificação do controlador;
IV – informações de contato do controlador;
V – informações acerca do uso compartilhado de dados pelo controlador e a finalidade;
VI – responsabilidades dos agentes que realizarão o tratamento; e
VII – direitos do titular, com menção explícita aos direitos contidos no art. 18 desta Lei.

Com isso, para garantir a adequação de guarda de informações à LGPD, é essencial que as organizações avaliem, individualmente, o seu negócio, levantando as fragilidades, criando políticas internas, monitorando o armazenamento de dados pessoais para que haja, minimamente, um mapeamento de vulnerabilidades tanto em documentos e dados físicos quanto eletrônicos, com a finalidade de que haja o controle eficaz.

22. CRIAÇÃO DE POLÍTICA DE RETENÇÃO DE DADOS

Damarys Montes

Ponto relevante e importante é a criação de uma política interna de retenção de dados, com a indicação do período efetivamente necessário, de acordo com a Lei, de guarda dos documentos e dados relacionados à organização demandante.

Tal documento dará visibilidade, quanto às regras da organização, com relação aos seguintes temas: objetivo, fluxo das atividades da sua organização, temporalidade da guarda de dados, assim como as regras de guarda descritas na tabela de temporalidade, se em local físico ou eletrônico, áreas de controle para a manutenção do armazenamento dos dados, regras de apagamento das informações, quando da finalização do contrato ou de acordo com o disposto na LGPD.

A política interna de retenção de dados deve dispor de uma tabela de temporalidade, por área ou departamento, contendo o tempo de guarda de dados e informações, por área, por tipo de documento, e o prazo legal, sempre com foco na minimização de dados, conforme sugestão a seguir:

Prazos de guarda de dados e informações		
Área	Tipo de documentos	Prazo de guarda

Aqui, destaca-se que a comunicação contemplando a tabela de temporalidade evidencia o trabalho de mapeamento das áreas ou departamentos da organização e alinhamento sobre o período necessário para armazenagem dos dados, contemplando o fluxo final do processo de tratamento, com o expurgo ou apagamento dessas informações.

Vale destacar que de nada adianta a criação de uma política de retenção de dados, sem que haja clareza e fácil visibilidade ao titular, como a disposição desse documento no site da organização para acesso direto do público em geral, bem como recorrência de revisão quanto aos prazos e à tabela de periodicidade com a devida divulgação interna na organização. Lembre-se: comunicação é tudo no processo de aculturamento da LGPD e a revisão dos normativos internos deve ser realizada com periodicidade para que haja a devida regulamentação e controle do processo de retenção de dados, sejam esses dados eletrônicos ou físicos.

Todas as áreas da controladora são responsáveis pela contínua atualização da política de retenção de dados. Isso porque a área demandante deve municiar o documento com as informações adequadas de temporalidade de guarda dos dados e, com isso, estar de acordo com as regras da organização.

Uma política bem escrita demonstra a boa-fé e o comprometimento da controladora de dados junto à Autoridade Nacional de Privacidade de Dados. Uma boa comunicação com os titulares e operadores de dados deve ser contínua, clara e dispor da necessidade e temporalidade do período de retenção de dados, visando atender às regras contratuais estabelecidas e alinhadas previamente entre os envolvidos.

23. IMPACTOS DA LGPD NO SETOR DE TELECOMUNICAÇÕES

Raphael Amar

INTRODUÇÃO

A Lei Geral de Proteção de Dados Pessoais, comumente chamada de LGPD, surge no cenário legislativo nacional com a missão de regulamentar e impedir o uso indiscriminado de dados pessoais e, em paralelo, traçar as diretrizes para um complexo aculturamento social sobre o tema, visando demonstrar aos cidadãos a importância, o real valor das suas informações, e impedir abusos por parte dos que detêm a custódia delas e as utilizam muitas vezes sem que haja um mínimo de transparência.

O objetivo deste capítulo é trazer alguns cuidados e as dificuldades enfrentadas pelo setor de Telecom, já que, inegavelmente, as operadoras foram fortemente impactadas com o advento da norma.

O tratamento[1] de dados pessoais[2] relacionados às atividades desempenhadas pelo setor possuem um alto grau de complexidade, desde a identificação das bases legais aplicáveis – seja para fins de publicidade – até o tratamento para fins de proteção da vida ou da incolumidade física

1 **Tratamento:** toda operação realizada com dados pessoais, como as que se referem a coleta, produção, recepção, classificação, utilização, acesso, reprodução, transmissão, distribuição, processamento, arquivamento, armazenamento, eliminação, avaliação ou controle da informação, modificação, comunicação, transferência, difusão ou extração.

2 **Dado pessoal:** informação relacionada a pessoa natural identificada ou identificável.

do titular ou de terceiros – uso de informações de geolocalização geradas pelos celulares de titulares vítimas de sequestro ou soterramento, até a formalização de instrumentos jurídicos com terceiros relacionados às atividades e de sua qualificação enquanto agente de tratamento.

Além do robusto arcabouço regulatório norteador das principais atividades, nos últimos tempos, o setor foi em busca de um portfólio cada vez mais abrangente, passando a oferecer soluções de naturezas diversificadas.

Com o surgimento de novas tecnologias e boas oportunidades de mercado, algumas atividades do setor passaram a dividir seu protagonismo com outros serviços e, atualmente, os principais *players* vêm adotando uma postura mercadológica cada vez mais agressiva, especialmente no oferecimento de soluções voltadas à área de tecnologia.

Diante da extensão das suas ofertas, e da inquestionável necessidade do tratamento de dados pessoais na execução de alguns desses serviços, a partir da vigência da LGPD as empresas se viram em uma verdadeira corrida contra o tempo, em seus onerosos programas de adequação.

Apesar de custoso, os planos de adequação das empresas de telecomunicações se tornaram um relevante pilar estratégico de sustentação, capazes de permitir o desenvolvimento das atividades e das inquietas evoluções comerciais do setor.

PRINCIPAIS IMPACTOS DA LEI GERAL DE PROTEÇÃO DE DADOS PESSOAIS NOS INSTRUMENTOS JURÍDICOS CELEBRADOS PELAS EMPRESAS DE TELECOM

Em linha com o mencionado, o setor de telecomunicações está se lançando cada vez mais na área de tecnologia. As oportunidades direcionadas ao mercado B2B (*business to business*) começam a representar resultados expressivos de receita para essas empresas, diante da possibilidade de oferta de soluções completas, em valores mais atrativos que seus concorrentes, que não possuem condições de ofertar uma solução integralmente funcional, carecendo muitas vezes, por exemplo, de serviços providos exclusivamente pelas empresas de Telecom.

Fato é que serviços dessa natureza podem implicar em um tratamento massivo de dados pessoais, precisando, assim, de diversos cuidados adicionais atrelados à segurança dessas informações, e que deverão ser sempre formalizadas por meio de instrumento hábil para dispor de limites e responsabilidades por parte dos agentes de tratamento[3] envolvidos.

Omissão legislativa quanto à importância da celebração de instrumentos jurídicos entre agentes de tratamento

Apesar da forte influência do Regulamento Geral de Proteção de Dados da União Europeia (GDPR), no cenário legislativo nacional, alguns pontos importantes não foram aproveitados pelo legislador pátrio. Dentre essas lacunas, destaca-se a omissão de maior impacto no objeto deste capítulo: a ausência de previsão que estabeleça a necessidade da elaboração de instrumento contratual entre controladores[4] e operadores[5] para o tratamento de dados pessoais.

Apesar da discussão que permeia a tropicalização das premissas do cenário normativo europeu, sobre o tema de proteção de dados, certo é que, no que se refere a esse tópico em específico, não existem dúvidas da importância dessa influência, sendo extremamente salutar a absorção dos preceitos trazidos pela GDPR quanto à necessidade de elaboração de instrumentos jurídicos entre controladores e operadores de dados.

De acordo com o disposto no item 3 do artigo 28 da GDPR, é expressa a necessidade de regular a relação entre controlador e operador:

> Processing by a processor shall be governed by a contract or other legal act under Union or Member State law, that is binding on the processor with regard to the controller and that sets out the subject-matter and duration of the processing, the nature and purpose of the processing, the type of personal data and categories of data subjects and the obligations and rights of the controller.

Importante ainda observar que a necessidade da construção de um instrumento jurídico não se limita apenas à relação entre controlador e operador. Apesar de a GDPR não mencionar expressamente a necessidade de um contrato nas relações entre controladores, ele se faz igualmente necessário, sendo objeto de recomendação expressa pelo Comitê

---

3 **Agentes de tratamento:** o controlador e o operador.

4 **Controlador:** pessoa natural ou jurídica, de direito público ou privado, a quem competem as decisões referentes ao tratamento de dados pessoais.

5 **Operador:** pessoa natural ou jurídica, de direito público ou privado, que realiza o tratamento de dados pessoais em nome do controlador.

Europeu de Proteção de Dados (*European Data Protection Board* – EDPB), por meio do Parecer n. 07/2020, que dispõe sobre os conceitos de controlador e operador na GDPR[6].

> The legal form of the arrangement among joint controllers is not specified by the GDPR. For the sake of legal certainty, and in order to provide for transparency and accountability, the EDPB recommends that such arrangement be made in the form of a binding document such as a contract or other legal binding act under EU or Member State law to which the controllers are subject.

Em resumo, a ausência de dispositivo similar na LGPD faz com que a elaboração de um instrumento jurídico, que vise abordar as questões relativas ao tratamento de dados pessoais, seja vista como mera ação de boas práticas, subclassificação incabível diante de sua essencialidade.

Condição das empresas de telecomunicações como agente de tratamento

A definição como agente de tratamento não é uma questão de escolha, e sim fática. A classificação da figura de controlador e operador será integralmente baseada nas atividades desempenhadas pelos respectivos agentes ou por força de dispositivo legal, aspectos que deverão prevalecer diante de uma eventual definição equivocada. No cenário de Telecom, devido ao fato de os serviços guardarem naturezas variadas, sejam eles regulados ou não, é preciso identificar de forma detalhada as atividades desempenhadas pelas operadoras de telecomunicações.

Em um primeiro momento, no escopo dos serviços regulares de Telecom, a condição das empresas enquanto controladoras de dados pode parecer mais apropriada, especialmente no que se refere aos serviços regulados, sendo incabível imaginar a possibilidade em que as operadoras de telecomunicações possam ser consideradas como meras operadoras de dados, que realizam tratamento de dados pessoais única e exclusivamente em nome dos seus usuários, que, por sua vez, não terão

---

6 EUROPEAN DATA PROTECTION BOARD. Guidelines 07/2020 on the concepts of controller and processor in the GDPR. Set. 2020. Disponível em: <https://edpb.europa.eu/our-work-tools/public-consultations-art-704/2020/guidelines-072020-concepts-controller-and-processor_pt>. Acesso em: 8-7-2021.

qualquer grau de influência sobre o tratamento necessário à execução do serviço.

Contudo, a prática indica que em certas ocasiões essa escolha não será tão clara e precisará ser objeto de uma análise mais aprofundada. A condição das operadoras de telecomunicações como controladoras de dados não deverá ser generalizada, limitando-se apenas ao tratamento de dados essenciais à prestação do serviço, sejam eles dados fornecidos (dados coletados por meio de ação ativa; exemplo: dados cadastrais), observados (dados coletados por meio de ação passiva; exemplo: localização de dispositivo móvel) ou inferidos (dados criados pelo controlador, baseados em ações realizadas pelo titular; exemplo: perfilamento)[7].

Por outro lado, involuntariamente, dados pessoais também serão tratados por força do serviço e, nesses casos, as operadoras de telecomunicações poderão ser consideradas como meras operadoras de dados. Exemplificando, no Parecer n. 01/2010, o Grupo de Trabalho de Proteção de Dados do Artigo 29 (WP 29) explicou que, de acordo com o Considerando 47 da Diretiva n. 95/46/CE[8], o prestador de serviços de telecomunicações deve ser considerado controlador apenas dos dados necessários para prestação do serviço, e não quanto a dados pessoais transmitidos[9] na utilização dos seus serviços.

Essas premissas devem ser igualmente aplicáveis na prestação de serviços de tecnologia, em que muitas vezes a operadora de Telecom atua como mera fornecedora dessas soluções, sendo razoável admitir sua condição como operadora de dados que, mais uma vez, vale reforçar a necessidade de profunda análise de cada uma das atividades desempenhadas no âmbito da prestação de cada serviço.

---

7 GRAEF, I.; HUSOVEC, M.; PURTOVA, N. (2018). Data portability and data control: Lessons for an emerging concept in EU law. *German Law Journal.* Disponível em: <https://static1.squarespace.com/static/56330ad3e4b0733dcc0c8495/t/5c05ba070e2c72aaf4f621dc/1543879175464/3_Vol_19_No_06_Graef_ET_Final.pdf>. Acesso em: 8-7-2021.

8 (47) Whereas where a message containing personal data is transmitted by means of a telecommunications or electronic mail service, the sole purpose of which is the transmission of such messages, the controller in respect of the personal data contained in the message will normally be considered to be the person from whom the message originates, rather than the person offering the transmission services; whereas, nevertheless, those offering such services will normally be considered controllers in respect of the processing of the additional personal data necessary for the operation of the servisse.

9 Disponível em: <https://ec.europa.eu/justice/article-29/documentation/opinion-recommendation/files/2010/wp169_en.pdf>. Acesso em: 8-7-2021.

Além dos serviços mencionados, as operadoras de telecomunicações prestam, entre si, serviços de compartilhamento de infraestrutura. Para facilitar a compreensão do leitor, que não está familiarizado com o tema, é usual que as operadoras de telecomunicações firmem acordos dessa natureza, atuando de forma cooperativa para fins de atendimento de abrangência de rede de acesso e de radiofrequência, para aumentar a capilaridade de suas redes e permitir o cumprimento de metas regulatórias do setor, por exemplo.

Nesse caso, passa-se a ter um terceiro cenário, no qual mais de um ator figura na condição de controlador de dados, o chamado cocontrolador (*joint controller*)[10], em que o cedente e a cessionária atuam de forma complementar, uma vez que o referido tratamento não seria viável sem a participação de ambas as partes, e, nesse sentido, a cessionária atua na determinação do objetivo e a parte cedente na atividade-meio, permitindo o alcance dos fins pretendidos.

Contratação com ente público

Durante os debates que emolduraram a consolidação do texto normativo da temática de proteção de dados, o setor público não só se mostrou pouco participativo, como, por fim, tentou se desabonar de algumas obrigações oriundas da LGPD, com manobras visando a modificação do texto encaminhado para aprovação.

Apesar do êxito em alguma dessas manobras, a incidência da LGPD não se limitou à esfera privada, aplicando-se também às pessoas jurídicas de direito público[11], como não poderia deixar de ser, uma vez que o desenvolvimento tecnológico e os modelos de negócios inovadores estão cada vez mais incorporados às atividades desse setor.

Cabe aqui ressaltar que o tratamento de dados pessoais pelo setor público é objeto de capítulo próprio na LGPD, o qual, muito embora apresente um tratamento diferenciado aos órgãos da administração pú-

---

10 EUROPEAN DATA PROTECTION BOARD. Guidelines 07/2020 on the concepts of controller and processor in the GDPR. Set. 2020. Disponível em: <https://edpb.europa.eu/our-work-tools/public-consultations-art-704/2020/guidelines-072020-concepts-controller-and-processor_pt>. Acesso em: 8-7-2021.

11 Art. 41 do Código Civil: "São pessoas jurídicas de direito público interno: I – a União; II – os Estados, o Distrito Federal e os Territórios; III – os Municípios; IV – as autarquias, inclusive as associações públicas; V – as demais entidades de caráter público criadas por lei".

blica, seja ela direta ou indireta, parte das mesmas premissas aplicáveis aos demais atores previstos no art. 1º da LGPD.

Nas contratações realizadas pelas empresas públicas e impactadas pela LGPD, os desafios de elaborar um instrumento contratual apto a deliberar sobre responsabilidades e obrigações dos agentes de tratamento se tornam ainda mais latentes. Cabe frisar que as empresas de telecomunicações prestam inúmeros serviços à administração pública, desde serviços regulados, como os de Telecomunicações, até soluções mais complexas, como fornecimento de sistema de reconhecimento facial[12], por exemplo.

Nessa seara, as tratativas se tornam mais críticas diante da cristalina falta de amadurecimento da administração pública sobre o tema. A previsão de salvaguardas mínimas relacionadas à proteção de dados muitas vezes não é levada em consideração na elaboração de editais e contratos, devendo ser objeto de atenção das autoridades.

Para as contratações que envolvam tratamento de dados pessoais em favor do Estado, é fundamental atentar que a LGPD impôs limitações aos terceiros contratados pela administração pública, trazendo consigo uma divisão de responsabilidades pelas partes envolvidas que, por óbvio, devem ser observadas em todo processo de contratação.

IMPACTO REGULATÓRIO EM CASO DE INCIDENTE DE SEGURANÇA

De acordo com o disposto na LGPD, o incidente de segurança[13] que tenha o potencial de acarretar risco ou dano ao titular deverá ser comunicado à autoridade nacional e ao próprio titular em prazo razoável que, até o momento da publicação desta obra, ainda não foi definido pela Autoridade Nacional de Proteção de Dados (ANPD).

Com o início das atividades previstas na fase 1 da Agenda Regulatória 2021-2022 da ANPD[14], atualmente encontra-se em trâmite a

---

12 Disponível em: <https://veja.abril.com.br/politica/secretario-anuncia-reconhecimento-facial-no-rio-a-partir-do-carnaval/>. Acesso em: 8-7-2021.

13 **Incidente de Segurança:** qualquer evento adverso, confirmado ou sob suspeita, relacionado à segurança dos sistemas de computação ou das redes de computadores (definição prevista na Portaria n. 93, de 26 de setembro de 2019 – Aprova o Glossário de Segurança da Informação).

14 Disponível em: <https://www.in.gov.br/en/web/dou/-/portaria-n-11-de-27-de-janeiro-de-2021-301143313>. Acesso em: 8-7-2021.

Tomada de Subsídios n. 2/2021 para regulamentação sobre incidentes de segurança que, muito embora mencione na Nota Técnica n. 3/2021/CGN/ANPD[15], bem como nas orientações publicadas pela autoridade em forma de recomendações o prazo de dois dias úteis (contados da data do conhecimento do incidente), com base no Decreto n. 9.936, de 24 de julho de 2019, que regulamenta a Lei do Cadastro Positivo, não temos ainda um prazo de comunicação definido pela ANPD.

Sobre a Lei do Cadastro Positivo, importante notar que, a partir de agosto de 2019, as operadoras de telecomunicações passaram a ser consideradas fontes[16] de informações que, dentre diversas obrigações de tratamento oriundas da referida legislação, ficou também encarregada pelo compartilhamento de informações dos seus usuários cadastrados a todos os gestores de bancos de dados que as solicitarem.

Nesse sentido, representa dizer que o prazo sugerido pela ANPD, na elaboração da referida tomada de subsídios, já é aplicável às operadoras de telecomunicações na eventual hipótese de incidente de segurança envolvendo os dados dos cadastrados[17], no âmbito do Cadastro Positivo, que deverá ser comunicado à ANPD no prazo de dois dias úteis, contado da data do conhecimento do incidente[18].

Além dos prazos de comunicação de incidentes de segurança sustentados pelas normas adjacentes ao tema, em paralelo, por meio da Resolução Anatel n. 740[19], que aprova o Regulamento de Segurança Cibernética aplicada ao setor de telecomunicações, as prestadoras de

---

15 Disponível em: <https://www.gov.br/anpd/pt-br/documentos-e-imagens/sei_00261-000098_2021_67-nt-ts-incidente.pdf>. Acesso em: 8-7-2021.

16 Art. 2º Para os efeitos desta Lei, considera-se: [...] IV – fonte: pessoa natural ou jurídica que conceda crédito, administre operações de autofinanciamento ou realize venda a prazo ou outras transações comerciais e empresariais que lhe impliquem risco financeiro, inclusive as instituições autorizadas a funcionar pelo Banco Central do Brasil e os prestadores de serviços continuados de água, esgoto, eletricidade, gás, telecomunicações e assemelhados.

17 Art. 2º [...] III – cadastrado: pessoa natural ou jurídica cujas informações tenham sido incluídas em banco de dados.

18 Art. 18. Na ocorrência de vazamento de informações de cadastrados ou de outro incidente de segurança que possa acarretar risco ou prejuízo relevante a cadastrados, o gestor de banco de dados comunicará o fato: I – à Autoridade Nacional de Proteção de Dados, na hipótese de ocorrência que envolva o fornecimento de dados de pessoas naturais; [...] § 1º A comunicação de que trata o *caput* será feita no prazo de dois dias úteis, contado da data do conhecimento do incidente [...].

19 Disponível em: <https://www.in.gov.br/web/dou/-/resolucao-n-740-de-21-de-dezembro-de-2020-296152776>. Acesso em: 8-7-2021.

serviço de Telecom deverão também comunicar a Anatel sobre incidentes que possam afetar os dados dos seus usuários[20].

Ainda no que se refere à Resolução supracitada, além de determinar que as empresas do setor de telecomunicações mantenham vigente uma Política de Segurança Cibernética, estabelece ainda requisitos formais mínimos que deverão ser incorporados ao documento, que, por sua vez, deverá ser publicado pelas empresas em seus sites[21].

Ainda sobre as diligências pertinentes à comunicação em caso de incidente, em Ação Civil Pública[22] movida pelo Instituto Brasileiro de Defesa da Proteção de Dados Pessoais, *Compliance* e Segurança da Informação (SIGILO), em face da Serasa Experian (e outros), requerendo, em tutela provisória de urgência, que a ré comunique aos titulares que supostamente tiveram seus dados expostos por conta do incidente relatado, a 22ª Vara Cível Federal de São Paulo entendeu que:

> Contudo, os fatos narrados pela autora ainda estão sob investigação criminal pela Polícia Federal e sob apuração administrativa pela Autoridade Nacional de Proteção de Dados, de modo a se apurar os controladores responsáveis pelos vazamentos dos dados e quais os titulares dos dados, cujas conclusões ainda não ocorreram diante da alta complexidade das investigações e apurações. **Assim, somente após as comprovações necessárias será possível determinar o cumprimento do dever legal de comunicação aos titulares acerca do incidente de vazamento de dados.**

Posto que a LGPD não menciona prazos diferenciados de comunicação à autoridade nacional e titulares, note que, com base na referida decisão, cria-se um precedente sobre eventual necessidade de individualização desses prazos. Ainda, corroborando com essa linha, a Tomada de Subsídios n. 2/2021[23], ao abrir debate com a sociedade sobre o

---

20 Art. 17. A prestadora deve promover, junto à Anatel, a notificação dos incidentes relevantes que afetem de maneira substancial a segurança das redes de telecomunicações e dos dados dos usuários.

21 Art. 15. A prestadora deve publicar, em sua página na Internet, com linguagem compreensível, extrato da sua Política de Segurança Cibernética contendo as informações não sensíveis.

22 Ação Civil Pública Cível (65) 5002936-86.2021.4.03.6100, 22ª Vara Cível Federal de São Paulo.

23 Disponível em: <https://www.gov.br/anpd/pt-br/assuntos/noticias/anpd-inicia-processo-de-regulamentacao-sobre-incidentes-de-seguranca-com-tomada-de-subsidios>. Acesso em: 8-7-2021.

tema, aborda de maneira separada o prazo de comunicação aos titulares e ANPD.

Sem qualquer pretensão de esgotamento das polêmicas atreladas ao tema e das normas aplicáveis ao setor de telecomunicações, feita uma breve reflexão sobre pontos relevantes relacionados com a obrigação de comunicação de incidentes de segurança, a relação entre controlador e operador deverá ser formalmente constituída, com expressa definição de prazos para que, caso ocorra algum incidente de segurança no ambiente do operador com os dados pessoais tratados por força dessa relação jurídica, este possa informar ao controlador em tempo hábil para o cumprimento das suas obrigações legais e regulatórias, levando em consideração também as diligências internas que deverão ser adotadas por esse controlador, sem que haja prejuízo ao prazo fatal estabelecido pela norma incidente.

Sobre esse ponto, frisa-se ainda que, embora a LGPD atribua apenas ao controlador a responsabilidade por comunicar o incidente de segurança à ANPD, com base nas recomendações recentemente elaboradas pela própria Autoridade[24], ela admite a possível legitimidade da comunicação por meio do operador.

É importante que esse fluxo seja estabelecido em contrato, sendo altamente recomendável que, ainda que o operador venha a ser reconhecido como parte legítima para oferecer a comunicação de incidente à ANPD, o controlador seja sempre informado de forma prévia, para adoção de medidas cabíveis.

Ficou claro que, apesar da possibilidade de a ANPD se articular com outros órgãos e entidades[25], é imprescindível que essa mobilização ocorra o quanto antes, para que as comunicações atreladas aos incidentes de segurança sejam efetivas e por meio de um processo único e simplificado, sendo observado um prazo exequível para tanto. A construção de uma arquitetura interna que procure atender exigências descentralizadas acerca de um mesmo tema poderá ser prejudicial às pretensões normativas.

---

24 Disponível em: <https://www.gov.br/anpd/pt-br/assuntos/incidente-de-seguranca>. Acesso em: 8-7-2021.

25 Art. 55-K. [...] Parágrafo único. A ANPD articulará sua atuação com outros órgãos e entidades com competências sancionatórias e normativas afetas ao tema de proteção de dados pessoais e será o órgão central de interpretação desta Lei e do estabelecimento de normas e diretrizes para a sua implementação.

CONSIDERAÇÕES FINAIS

O serviço de telecomunicação é figura central no desenvolvimento tecnológico e na interface das pessoas com o mundo globalizado, sendo um setor privilegiado por exercer a atividade responsável por conectar pessoas, empresas e máquinas.

Pelo exposto, percebe-se que ainda existem diversas lacunas a serem preenchidas. Para o desempenho das atividades mencionadas neste capítulo, se faz necessária a sinergia transversal de diversas áreas, requisito este implícito na LGPD, sendo esta uma conduta fundamental para o êxito do plano de adequação e na manutenção das premissas que devem ser incorporadas o quanto antes a todo mercado.

Sem prejuízo das diligências corretivas internas, as tratativas em face de clientes, parceiros e fornecedores é uma das ações de maior peso na execução do plano de adequação. A construção de diretrizes corporativas sobre a temática de proteção de dados pessoais em hipótese alguma deverá ser encarada meramente como um ônus, mas sim como um dos investimentos responsáveis por prover o desenvolvimento econômico e tecnológico, bem como para o fortalecimento das relações entre as partes envolvidas, que se torna cada vez mais essencial à sociedade da informação.

24. AÇÃO DE REGRESSO DO CONTROLADOR CONTRA O OPERADOR E VICE-VERSA

Damarys Montes

Ainda no contexto de indenizações, temos o instituto da ação de regresso, em que há a possibilidade de a parte lesada solicitar o reembolso financeiro àquele que deveria ter pagado, mas, originalmente, não o fez.

A LGPD trata no art. 42 sobre a obrigatoriedade da reparação de danos, seja patrimonial ou moral, individual ou coletivo, ocasionado pelos agentes de tratamentos de dados, havendo violação à legislação de proteção de dados pessoais especificamente. Ainda, no § 4º, evidencia o direito de regresso àquele que reparou o dano ao titular dos dados, contra o agente que originou a responsabilização e a indenização.

Aqui, vêm à tona os agentes – controlador e operador – envolvidos no tratamento e no armazenamento de dados pessoais e a solidariedade de responsabilidades entre eles. E, nesse ponto, deve ser observada a solidariedade, indicada no art. 42, I e II, em que há a expressa responsabilidade solidária entre o controlador e o operador, seja pelos danos causados ao titular dos dados ou diante do descumprimento da LGPD.

> Art. 42. O controlador ou o operador que, em razão do exercício de atividade de tratamento de dados pessoais, causar a outrem dano patrimonial, moral, individual ou coletivo, em violação à legislação de proteção de dados pessoais, é obrigado a repará-lo.

> § 1º A fim de assegurar a efetiva indenização ao titular dos dados:
> I – o operador responde solidariamente pelos danos causados pelo tratamento quando descumprir as obrigações da legislação de proteção de dados ou quando não tiver seguido as instruções lícitas do controlador, hipótese em que o operador equipara-se ao controlador, salvo nos casos de exclusão previstos no art. 43 desta Lei;
> II – os controladores que estiverem diretamente envolvidos no tratamento do qual decorreram danos ao titular dos dados respondem solidariamente, salvo nos casos de exclusão previstos no art. 43 desta Lei.

No Código Civil, a responsabilidade civil é fundada no ato ilícito (art. 186) e no abuso de direito (art. 187), o que traz responsabilidade ao infrator, da seguinte forma:

> Art. 186. Aquele que, por ação ou omissão voluntária, negligência ou imprudência, violar direito e causar dano a outrem, ainda que exclusivamente moral, comete ato ilícito.
> Art. 187. Também comete ato ilícito o titular de um direito que, ao exercê-lo, excede manifestamente os limites impostos pelo seu fim econômico ou social, pela boa-fé ou pelos bons costumes.

Em uma demanda judicial, pode ser atribuído a mais de um responsável o cumprimento da obrigação e cabe àquele que cumprir o direito de regresso contra o responsável solidário, se assim for o caso. Essa previsão de solidariedade está prevista no art. 264 do Código Civil e, portanto, também aplicada às ações de regressos em caso de determinação de cumprimento de uma obrigação ao controlador e ao operador e que, porventura, seja cumprida por qualquer um deles. À parte solidária caberá a ação de regresso.

A LGPD menciona, em seu art. 45, que a violação do direito do titular no âmbito das relações de consumo permanece sempre sujeita às regras de responsabilidade previstas na legislação em vigor, por exemplo, o Código de Defesa do Consumidor, que prevê no art. 13 que "aquele que efetivar o pagamento ao prejudicado poderá exercer o direito de regresso contra os demais responsáveis, segundo sua participação na causação do evento danoso".

O controlador e o operador, desde que garantida a ampla defesa, devem estar atentos às orientações, ao processo de adequação e à adoção de medidas técnicas e organizacionais com foco na garantia da privacidade, da dignidade, da imagem, da honra e dos dados, nos termos dos direitos fundamentais do titular de dados.

25. ASPECTOS A CONSIDERAR ANTES DA REVISÃO DE DOCUMENTOS E CONTRATOS

Umberto Correia

A fim de se evitar retrabalhos, vale mapear os seguintes aspectos antes da elaboração de políticas, procedimentos, documentos e contratos:

- Pessoas – a conscientização dos colaboradores é fator-chave na prevenção de ataques e vazamento de dados. Programas de treinamento devem ter pauta nas empresas;
- Organizações – a estrutura, incluindo políticas, processos, procedimentos, matriz de responsabilidade, delegação de autoridade, mecanismos de escalada e formato de reuniões, deve ser clara e acessível às partes interessadas;
- Informação – a informação, como fator de produção, precisa ser protegida durante o seu ciclo de vida. Quando tratamos de dados pessoais, a relevância fica acentuada e a descoberta dos dados é fator básico para a classificação e proteção;
- Tecnologia – ferramentas suportam a automação de processos. A adoção adequada da solução de tecnologia suportará a melhor experiência do usuário e atenderá aos requisitos da Lei Geral de Proteção de Dados Pessoais e das regulações internacionais;

- Fluxo de valor – fluxos fim a fim devem ser definidos, otimizados e permitir uma visão holística para atender às necessidades dos clientes internos e externos;
- Processos – conjunto de atividades que integram os fluxos de valor. No contexto da privacidade, os processos devem ser mapeados, revistos, documentados e otimizados visando atender aos requisitos da lei;
- Parceiros – empresas de portes diversos precisam de organizações especialistas para complementarem suas ações e ampliarem a capilaridade. Tais organizações são denominadas "operadoras" e, no caso de uma violação de dados, poderão comprometer a "controladora". Nesse sentido, há necessidade de averiguação da aderência dos parceiros aos requisitos de privacidade e proteção de dados;
- Fornecedores – produtos e serviços adquiridos de terceiros devem atender a requisitos de qualidade, proteção e privacidade. Faz-se necessário definir, implantar, monitorar e melhorar a ação de fornecedores para que estes atendam a exigências e expectativas de seus clientes.

26. ESPÉCIES CONTRATUAIS PARA ADEQUAR À LGPD: PONTOS DE ATENÇÃO!

Damarys Montes
Daniela Samaniego

Considerada, atualmente, a lei mais multidisciplinar existente, a Lei de Proteção de Dados Pessoais (LGPD) impacta consideravelmente toda e qualquer relação jurídica que envolva alguma espécie de tratamento de dados pessoais, razão pela qual diversos setores serão alcançados por suas exigências legais, demandando uma readequação urgente e criteriosa.

Com esse olhar, buscamos fazer uma breve análise (sem intuito de esgotar o tema) a respeito da influência da lei de proteção de dados em algumas espécies contratuais (previamente selecionadas), despertando o debate nesse sentido e apresentando algumas dicas práticas de adequação.

Entendemos que cada empresa possui as suas especificidades, a depender do seu modelo de negócio, do mercado em que atua e do seu relacionamento com os clientes e parceiros, e que, em virtude disso, o compartilhamento dos dados e a celebração de contratos podem ganhar diferentes nuances. Todavia, a base, em todos eles, deve consistir na transparência e na responsabilidade, por meio de demonstração de clara e evidente preocupação com a segurança dos dados e de atitudes que possam assegurá-la. Por isso, a importância de um bom termo de confidencialidade e de uma boa política de segurança empresarial, devidamente disseminada, difundida e conhecida por todos os funcionários, parceiros e colaboradores.

Uma cláusula específica de proteção de dados pessoais, nos contratos, também possui considerável relevância atual.

Considerando, assim, as especificidades de cada contrato, vejamos alguns deles, analisando, brevemente, os impactos que as determinações trazidas pela lei brasileira de proteção de dados pessoais poderão lhes causar.

CONTRATOS TRABALHISTAS

Com a vigência da LGPD, uma nova e urgente preocupação surge no que se refere aos contratos estabelecidos nas relações de trabalho.

A coleta de dados nessa espécie de relação jurídica é de vulto considerável, razão pela qual requer preciosa atenção. São colhidos dados pessoais de empregados não só em virtude da prestação de serviços, mas também no que se refere às obrigações legais, tal como se dá em alguns programas de gestão, por exemplo, o e-social.

Nesse aspecto, o titular dos dados é o empregado, que os fornece ao empregador (por força do contrato de trabalho, entre eles, firmado), momento em que este assume a posição de controlador, passando a ser o responsável pelas decisões tomadas a respeito do tratamento a ser conferido a esses dados.

Sabemos que a responsabilidade jurídica do empregador, com relação aos dados que mantém em sua disposição, não surgiu com a LGPD. O empregador sempre possuiu o dever de utilizar os dados que recolhe, em decorrência de uma relação trabalhista, para fins que coadunam com o objeto do contrato de trabalho celebrado, sob pena de responder por danos (morais ou materiais) decorrentes de desvios ou abusos de poder de sua parte, conforme o disposto no Código Civil.

No entanto, a vigência da LGPD traz um novo olhar para essa relação e a forma como as informações colhidas são armazenadas, utilizadas e, até mesmo, descartadas, exigindo maior atenção e uma readequação, mormente considerando as suas sanções administrativas que, ao lado das demais sanções já existentes, poderão acarretar prejuízos consideráveis para o empregador que não observar os mandamentos legais.

O que consistia tão somente em um currículo, arquivado em meio a tantos outros e, muitas vezes, até mesmo esquecido, configura, hoje, tratamento de dados pessoais e, dependendo da informação disponibilizada, até mesmo de dados sensíveis!

Importa ressaltar que independe se a coleta se dá em meio físico ou digital, posto que a LGPD se aplica a tratamento de dados em ambas as circunstâncias.

Ademais, também não são raras, nas relações de trabalho, necessidades de compartilhamento de dados, até mesmo com a administração pública, para fins de cumprimento de ordem legal, inclusive.

Assim, imprescindível se mostra a urgente adequação das relações de trabalho diante do disposto pela LGPD e, considerando que o tratamento dos dados pessoais, nessa seara, tem início antes mesmo da contratação de um funcionário e tem continuidade mesmo após a extinção do vínculo empregatício, importa considerar que a proteção de dados deverá respeitar três etapas: pré-contratual, contratual e pós-contratual.

Fator crucial, nessa espécie de contrato, consiste na disparidade existente e que prepondera entre as partes envolvidas, transformando-o em uma espécie *sui generis*, em que a igualdade entre as partes, habitual do contrato, sofre mitigação em decorrência da subordinação que caracteriza as relações trabalhistas.

O empregado é, geralmente, hipossuficiente e, por esse mesmo motivo, a base legal do consentimento não deve ser considerada, uma vez que se compreende inexistir liberdade para o seu oferecimento.

Nesse aspecto, entendemos que o mesmo posicionamento se aplica ao empregado autossuficiente[1] (art. 444, parágrafo único, da CLT), posto que, apesar de ter condições, legalmente reconhecidas, de negociar diretamente com o seu empregador, estas não lhe retiram a subordinação, decorrente do contrato de trabalho firmado que, com certeza, em um país com uma economia frágil como a nossa, recém-saindo de uma pandemia de efeitos catastróficos, acarretará, sem qualquer sombra de dúvi-

---

1 Proveniente da Reforma Trabalhista (Lei n. 13.467/2017), o empregado autossuficiente consiste naquele que possui curso superior e salário maior do que duas vezes o teto da previdência (algo próximo a R$ 11.062,62 atualmente) e, em virtude disso, as cláusulas firmadas por ele possuem a mesma força de uma convenção coletiva firmada por sindicato, podendo prevalecer, portanto, sobre a lei. O legislador entende que, por sua condição economicamente esclarecida, esse empregado se encontra em pé de igualdade com o empregador para negociar suas cláusulas contratuais.

das, vício em qualquer consentimento manifesto, tornando-o passível de anulação por lhe retirar a característica de liberdade e espontaneidade.

Em outras palavras, e apenas a título de esclarecimento, o fato de o legislador ordinário entender que o empregado autossuficiente possui conhecimento e esclarecimento bastante para negociar as cláusulas contratuais, em nível idêntico ao do empregador, não lhe retira a subordinação, característica dos contratos de trabalho, de maneira que não impede que o consentimento manifesto se apresente eivado de vícios.

Deveras, diante do poder reconhecidamente exercido pelo empregador com relação ao empregado, não comporta afirmar que o consentimento exigido pelo primeiro seja dado, pelo segundo, de forma livre e espontânea. Não há que se falar em liberdade, nesse caso, e tampouco em espontaneidade.

Por todo o exposto, portanto, no que se refere à fase contratual das relações trabalhistas, alguns pontos necessitam de especial atenção.

No que concerne, por exemplo, à ficha de registro (que, por vezes, poderá conter dados pessoais sensíveis, tais como filiação a sindicato), por força da lei de proteção de dados brasileira, será necessário limitar o seu acesso e garantir que o seu armazenamento se dará de forma segura. O mesmo raciocínio se aplica aos atestados médicos, apesar da ausência de obrigatoriedade do preenchimento do CID (Classificação Internacional de Doenças), tendo em vista que sempre haverá a possibilidade de identificação da doença ou das razões que ensejaram o afastamento, demandando, dessa forma, uma política robusta que possa assegurar o sigilo desses dados, considerados sensíveis pela LGPD.

Outro ponto importante se refere à obrigatoriedade legal de exames periódicos. A NR7, ou Norma Regulamentadora n. 7, determina a obrigatoriedade de implementação, em todas as instituições e empresas, do Programa de Controle Médico de Saúde Ocupacional (PCMSO), cujo objetivo primordial reside na preservação da saúde dos colaboradores e funcionários, independentemente da quantidade, do grau de risco de trabalho e, ainda, do setor econômico envolvido.

Com cunho preventivo, o programa não deve acarretar quaisquer ônus para os trabalhadores e requer um plano de ação cuja execução deve se dar durante todo o ano, exigindo, ainda, um relatório anual, que conterá a discriminação do número e da natureza dos exames médicos e, ainda, das avaliações clínicas e exames complementares requeridos.

Ainda de acordo com a NR7, os documentos dos trabalhadores, pertinentes a esses exames médicos, deverão ser mantidos em arquivo por um período médio de 20 anos, contados a partir do desligamento do trabalhador dos quadros da empresa.

Nesse contexto, a vigência da LGPD provocará dois impactos importantes:

Em primeiro lugar, não poderão ser solicitados exames que possam acarretar discriminação, por exemplo, exames de gravidez (o que difere da necessidade de exame toxicológico para motoristas, posto que se cumpre uma finalidade específica).

Em um segundo aspecto, no que concerne ao armazenamento, pelo período mínimo exigido, a existência da normativa limita o exercício do poder do titular que, nesse ponto, não poderá exigir o descarte imediato desses dados, diante da obrigatoriedade legal de arquivamento.

O acesso a esses dados, contudo, deverá ser extremamente restrito, regulamentado e controlado, a fim de evitar que desvios e abusos de finalidade, seja por dolo, seja por culpa, venham acarretar danos aos titulares dos dados.

Hipóteses de compartilhamento de dados com seguradoras, planos de saúde e outros casos similares irão requerer prévio e expresso consentimento do funcionário, ressalvadas as exceções legais. Isso porque o art. 7º da LGPD, em seu § 5º, exige maior cautela, por parte das instituições, no compartilhamento das informações que detêm.

Uma atenção deve ser dada, também, à questão do menor aprendiz, cuja presença dos pais ou responsáveis só era exigida no momento da rescisão, mas, agora, por força da LGPD (art. 14, § 1º), também será imprescindível na contratação, que dependerá do consentimento expresso, informado, específico e destacado dos pais ou responsáveis pelo menor.

Fato interessante ainda se dá, no que se refere às relações de trabalho, quanto à questão de vigilância dos empregados (por meio de controle de e-mails funcionais, de acesso a redes sociais no trabalho, do uso de dispositivos funcionais e do controle de geolocalização, por exemplo) e, mesmo, quanto ao monitoramento interno e externo do ambiente da empresa.

Essa espécie de controle, que já vem sendo muito utilizada atualmente, não encontra proibição no texto da LGPD, contudo, sua utilização deverá ser previamente informada, de maneira clara, acessível e específica, e as finalidades deverão ser expressas a fim de dar o tom do exercício da vigilância e do monitoramento, de forma que qualquer desvio ou abuso incorrerá em descumprimento e, portanto, infração à lei. Além disso, a LGPD exige, também, a observância dos princípios da transparência e da necessidade, exigindo que o controle a esses dados se dê de maneira a coletar tão somente o mínimo necessário para a finalidade pretendida.

Desse modo, informações pertinentes à saúde do trabalhador, seu salário, verbas rescisórias e aposentadoria ensejarão maiores cuidados não apenas na coleta, mas durante todo o período de armazenamento e, também, no descarte.

No que concerne ao tratamento de dados nas relações de emprego, o RGPD (Regulamento n. 2016/679 da União Europeia) determina, em seu art. 88, que:

> Art. 88 – 1. Os Estados-Membros podem estabelecer, no seu ordenamento jurídico ou em convenções coletivas, normas mais específicas para garantir a defesa dos direitos e liberdades no que respeita ao tratamento de dados pessoais dos trabalhadores no contexto laboral, nomeadamente para efeitos de recrutamento, execução do contrato de trabalho, incluindo o cumprimento das obrigações previstas no ordenamento jurídico ou em convenções coletivas, de gestão, planejamento e organização do trabalho, de igualdade e diversidade no local de trabalho, de saúde e segurança no trabalho, de proteção dos bens do empregador ou do cliente e para efeitos do exercício e gozo, individual ou coletivo, dos direitos e benefícios relacionados com o emprego, bem como para efeitos de cessação da relação de trabalho[2].

Diante de inexistência de previsão similar na LGPD, algumas ponderações necessitarão ser aplicadas nos contratos trabalhistas, com fins de observar a proteção de dados sem prejudicar a relação de trabalho.

Para sanar quaisquer inseguranças que possam surgir diante dessas especificidades, uma regulamentação do tratamento de dados por meio

---

2 Tradução livre das autoras. UNIÃO EUROPEIA. Regulamento Geral de Proteção de Dados Pessoais. Regulamento (UE) n. 2016/679. Disponível em: <https://eur-lex.europa.eu/legal-content/PT/TXT/?qid=1528874672298&uri=CELEX:32016R0679>. Acesso em: 8-7-2021.

de convenção coletiva poderia ser de extrema utilidade a fim de esclarecer alguns pontos essenciais, tais como:

A questão do § 2º do art. 8º da LGPD, que determina que o ônus de provar que o consentimento foi obtido em conformidade com a lei compete ao controlador, diante da disparidade de poder existente na relação entabulada entre empregado e empregador. Disparidade esta que, como já vimos, está presente, até mesmo, nas relações estabelecidas com empregados autossuficientes, diante da subordinação característica dos contratos de trabalho.

Como ficaria o disposto nesse artigo diante dessa questão específica proveniente dos contratos de trabalho?

Os empregados autossuficientes (previstos no parágrafo único do art. 444 da CLT) estariam isentos dessa situação?

Seria possível regulamentar a proteção de dados, de maneira coletiva, por meio de Acordo ou Convenção diante das limitações dispostas nos arts. 611-A e 611-B da CLT? E, no caso dos empregados autossuficientes, tal proteção poderia se dar individualmente, por meio de aditivos contratuais?

Uma convenção coletiva poderia pôr fim a essas questões, de modo a tratar de forma mais objetiva e, portanto, mais clara e segura essas situações, possibilitando melhor adequação das cláusulas contratuais trabalhistas às normas de proteção de dados previstas na LGPD?

São alguns questionamentos que levantamos, a esse respeito, por entendermos que o debate, nesse caso, se mostra de especial relevância no que se refere à adequação dos contratos trabalhistas às normas trazidas pela LGPD.

Os contratos de trabalho são firmados entre empregadores e empregados e, aqui, a figura da organização é de controladora de dados e do emprego de titular de dados. Com isso, toda e qualquer organização que tenha, ao menos, um colaborador registrado, passa a ter a posição de controladora de dados, independentemente de suas atividades.

Os dados dos empregados devem ser minimamente preservados e, quando tratados, devem compor as regras da LGPD. Isso porque o risco de incidentes pode gerar futuras demandas trabalhistas com pedido, inclusive, de reparação ou indenização.

Lembrando que o princípio da minimização de dados prevista na LGPD deve ser sempre respeitado e, aqui, a organização deve fazer algumas perguntas, antes de solicitar todo e qualquer tipo de dado ao empregado, titular de dados, quais sejam: *Esses dados são necessários? Esses dados são essenciais? É mandatório manter nos controles quais tipos de dados do empregado? E quais tipos de dados de seus dependentes?*

Os dados a serem mantidos nas bases de dados de uma organização devem ser mínimos, isso porque, ao longo do tempo, tais dados podem estar dispersos em diversos controles físicos, planilhas, sistemas e plataformas, e, com isso, a área que controla esses dados, ou seja, o RH, pode perder o controle em uma possível solicitação de exclusão de dados ou no próprio mapeamento de análise de incidentes.

A grande pergunta que versa sempre ao responsável pelo RH é: o titular de dados que, nesse caso, é ou foi um colaborador da organização pode, a qualquer momento, solicitar a exclusão ou o apagamento de seus dados ou de seus dependentes?

Nesse cenário, muitas organizações, inclusive, detêm dados de seus colaboradores, de seus terceiros e fornecedores, a depender da divisão interna da empresa e, nesse contexto, é mandatório atentar-se às novas responsabilidades para garantir a proteção de dados de todos à qual faz guarda.

Com isso, o suporte de recursos de tecnologia para a verificação dos principais processos (coleta, uso e guarda dos dados) é o meio mais adequado e seguro, da mesma forma, seguir os normativos e regulamentos internos da organização trará maior segurança organizacional.

Quando falamos em manter os dados dos empregados ou parceiros, uma das primeiras ações é identificar quais são as informações que estão sob a responsabilidade e de que forma estão armazenadas na organização, bem como o tempo de guarda necessário desses dados. Isso porque, legalmente, por questões trabalhistas e previdenciárias, é necessária a guarda de dados pessoais para resguardo de futuras solicitações administrativas e legais e, nesse caso, o prazo mínimo de guarda das informações é de cinco anos.

A manutenção obrigatória de dados pessoais está prevista no art. 16 da LGPD e, ainda que haja um pedido de exclusão de dados ou apagamento de colaboradores, parceiros ou ex-colaboradores, poderá ser justificada a recusa de conclusão do procedimento de exclusão ou apagamento, com base no artigo aqui indicado, desde que, de fato, haja a necessidade de manutenção desses dados sob o controle da organização e, nesse caso, do controlador de dados.

CONTRATOS DE CONSUMO

No âmbito consumerista, a LGPD já encontra guarida há algum tempo.

No aspecto prático, inclusive, o Procon e o Instituto Brasileiro de Defesa do Consumidor (IDEC) já vinham atuando ativamente na proteção aos direitos do consumidor no que concerne ao uso e tratamento de seus dados. Citamos como exemplo a ação ajuizada, cobrando explicações a respeito da compra de um sistema de monitoramento eletrônico, que fazia uso da tecnologia de reconhecimento facial, em 2019, pelo metrô de São Paulo. Instados a se manifestar a respeito da falta de transparência na aquisição do sistema, bem como sobre a forma pela qual os dados pessoais, coletados no metrô, seriam usados e armazenados, além da finalidade desse tratamento, os responsáveis apresentaram informações consideradas insuficientes e não conseguiram comprovar a necessidade e a proporcionalidade da tecnologia pretendida.

No mesmo teor, o IDEC encaminhou outros documentos para Hering, 99 Táxi, Carrefour e Dataprev. O caso da Hering, por exemplo, chegou a motivar uma denúncia à Secretaria Nacional do Consumidor e a instauração de um inquérito administrativo[3].

Diversas outras ações, no mesmo sentido, vêm sendo tomadas pelo IDEC em prol da garantia de segurança e privacidade dos consumidores.

Em 2017, antes mesmo de a LGPD ser publicada, o STJ manifestou entendimento, ao julgar o REsp 1.758.799/MG, de que o compartilhamento de informação contida em banco de dados só poderia se dar mediante prévia notificação ao consumidor.

Podemos citar, ainda, algumas decisões que formaram, inclusive, jurisprudência:

> APELAÇÃO CÍVEL. PROCOB. AÇÃO DE INDENIZAÇÃO. COMERCIALIZAÇÃO DE INFORMAÇÕES PESSOAIS DE CONSUMIDORES. DANO MORAL NÃO CONFIGURADO. ARQUIVO DE CONSUMO. INEXISTÊNCIA DE ILEGALIDADE. AUSÊNCIA DE PROVA DO PREJUÍZO AO CONSUMIDOR. A elaboração, organização, consulta e manutenção de bancos de dados sobre consumidores não é proibida pelo Código de Defesa do Consumidor; ao contrário,

3 BRASIL, IDEC. Disponível em: <https://idec.org.br/dadospessoais/aconteceu>. Acesso em: 8-7-2021.

é regulada por este. Hipótese em que o serviço colocado à disposição das empresas conveniadas pela ré não se reveste de ilegalidade, considerando que as informações expostas não são consideradas de caráter sigiloso ou íntimo, mas de fácil e ampla circulação no mercado de consumo, para proteção do crédito e segurança nas relações comerciais. Ausência de violação à vida privada, imagem ou intimidade. Inexistência, ainda, de provas de que a divulgação de dados pela requerida tenha causado qualquer prejuízo à parte autora, ônus que lhe incumbia, não havendo como se conceder indenização por dano hipotético. Sentença de improcedência confirmada. Apelação cível desprovida[4].

APELAÇÃO CÍVEL. RESPONSABILIDADE CIVIL. AÇÃO DE INDENIZAÇÃO POR DANOS MORAIS. COMERCIALIZAÇÃO DE DADOS DE CONSUMIDORES. PROCOB. VIOLAÇÃO AOS DIREITOS DE PRIVACIDADE E INTIMIDADE. NÃO CARACTERIZADO. DANO MORAL. INOCORRÊNCIA. Trata-se de ação indenizatória, através da qual a parte autora postula o pagamento de indenização por danos morais, em razão da disponibilização de seus dados pessoais pela requerida, julgada improcedente na origem. O sistema mantido pela requerida enquadra-se no conceito de arquivo de consumo, visto que reúne informações acerca dos consumidores, tais como nome, CPF, telefones e endereços, fornecendo-os aos clientes, mediante contrato de prestação de serviços. Serviços prestados pela demandada que não se caracterizam como ilícito, especialmente por coletar dados do consumidor disponíveis no mercado, não se tratando de dados sigilosos. O conjunto fático-probatório não foi apto a atestar que o ora recorrente sofreu dano à imagem ou a sua esfera psíquica, razão pela qual o apelante não se desincumbiu do ônus que lhe recaia, *ex vi* legis do artigo 373, I, do CPC, uma vez que a mera alegação não gera, por si só, o dever de indenizar. Desta feita, imperiosa a manutenção sentença, haja vista que está de acordo com a orientação deste colendo tribunal de justiça, bem como está bem fundamentada, referente aos fatos deduzidos na origem. Apelação desprovida[5].

---

4 TJRS, 18ª Câmara Cível, Apelação Cível 70.069.154.854, Rel. Túlio de Oliveira Martins, j. 30-6-2016, *DJe* 8-7-2016.

5 TJRS, 6ª Câmara Cível, Apelação Cível 70.077.938.512, Rel. Niwton Carpes da Silva, j. 30-8-2018, *DJe* 12-9-2018.

A leitura dos julgados supradispostos, contudo, chama a atenção para o fato de que, apesar de já existir a preocupação com a proteção dos dados, a responsabilidade civil somente se caracterizava diante da comprovação de que o tratamento indevido tivesse resultado em **dano comprovado para o titular, desconsiderando, por completo, a ação indevida do responsável pelo tratamento,** cuja responsabilidade pelas informações consistia em um dever inafastável.

A Lei Geral de Proteção de Dados Pessoais, nesse teor, trará fortes impactos diante da responsabilização do controlador e, solidariamente, também do operador, por meio da comprovação de que o tratamento dos dados se deu de maneira irregular, ilícita ou abusiva, **independentemente da existência de danos ao titular.**

Uma cultura que irá requerer tempo para ser bem assimilada, no sentido de que a responsabilidade pelas informações que a instituição detém, em virtude dos dados por ela tratados, existe desde o momento da coleta, de maneira que a perda de um dado, seja por uma violação externa (uma invasão, por exemplo), seja por um descuido decorrente de falhas na segurança, já caracteriza, independentemente do motivo que gerou, danos à privacidade do titular dos dados e, via de consequência, sua devida responsabilização, inserindo um novo olhar nas relações firmadas que possuem como objeto direto ou indireto o tratamento de dados pessoais.

Não é segredo que dados de consumidores sempre foram do interesse do mercado, visto que, por meio deles, é possível adotar, através de análises preditivas, ações mais eficientes e cada vez mais direcionadas, com maior probabilidade de êxito.

Dessa forma, no aspecto das relações de consumo, alguns impactos decorrentes da LGPD que podemos identificar são:

a) **O fim dos termos de uso extensos e com linguagem inacessível** – a LGPD proíbe, ainda, termos excessivamente genéricos, como "seus dados serão coletados para melhoria dos nossos serviços" ou "seus dados poderão ser compartilhados com terceiros", exigindo maior especificação das informações, maior transparência e a devida responsabilidade, além de determinar que os termos de uso deverão ser apresentados em linguagem simples, de fácil compreensão e objetiva. Afora a questão do consentimento granular, que já abordamos anteriormente, demonstrando cuidado e respeito pelos direitos do consumidor e titular dos dados.

b) **Um controle maior, pelo usuário, dos seus dados pessoais** – que vem sendo chamado, inclusive, de **"empoderamento do titular dos dados"**, que precisará ser informado, previamente, a respeito de qualquer espécie de tratamento referente aos seus dados e poderá retirar seu consentimento (quando solicitado) a qualquer tempo e sem custos, além de poder exigir informações a respeito do tratamento que está sendo realizado, da espécie de dados que está sendo tratada, sem falar no direito de solicitar mudanças (quando constatado erros) e, até mesmo, a exclusão dos dados e a oposição de coleta de dados considerados sensíveis (razão pela qual o uso de dados biométricos e a coleta de dados de emoções, como aconteceu com a linha amarela do metrô em São Paulo, por meio de câmeras inteligentes, só poderão se dar com a devida informação do titular e mediante o seu prévio, expresso e inequívoco consentimento).

Outro ponto, ainda, que merece atenção, nesse quesito, se refere ao compartilhamento de dados, para fins de estabelecer preços diferenciados, como acontece com relação ao compartilhamento entre farmácias, laboratórios e planos de saúde, por exemplo, diante do disposto no art. 11 da LGPD, que, em seu § 3º, determina que:

> Art. 11. [...]
> § 3º A comunicação ou o uso compartilhado de dados pessoais sensíveis entre controladores com objetivo de obter vantagem econômica poderá ser objeto de vedação ou de regulamentação por parte da autoridade nacional, ouvidos os órgãos setoriais do Poder Público, no âmbito de suas competências.

Não é rara, no Brasil, a solicitação de dados pessoais, por empresas e instituições, desprovida de qualquer necessidade lógica.

Casos como a solicitação de CPF, nome de pai e mãe, endereço, profissão para a compra de um sapato, por exemplo, são frequentemente comuns.

Pouca ou nenhuma informação a respeito do porquê da coleta desses dados, para quais fins e por quanto tempo, bem como onde ficarão armazenados, quem terá acesso a eles e se poderão, ou não, ser compartilhados, também é frequente.

Assim, o chamado "empoderamento do titular" traz uma segurança imprescindível para o momento atual, trazendo a lume quem é o verdadeiro detentor dos direitos, no que concerne a dados pessoais, conferindo-lhes o poder necessário para exigir o devido respeito por aquilo que somente a ele (titular dos dados) pertence. Afinal, apesar de os dados consistirem, atualmente, no maior ativo das empresas, eles não pertencem a elas!

c) **Respostas e ações claras em casos de vazamento de dados pessoais** – dever que decorre diretamente da obrigação legal de manter um registro de todas as operações de tratamento, considerando o fato de que a Autoridade Nacional poderá, a qualquer tempo, solicitar um Relatório de Impacto à proteção de dados pessoais.

Dessa feita, diante da ocorrência de um vazamento ou perda de dados ou, até mesmo, qualquer outra espécie de falha na segurança, tanto o consumidor quanto a Autoridade Nacional deverão ser prontamente notificados, inclusive, a respeito das medidas de contenção a serem utilizadas para minimizar os danos decorrentes da falha, sem prejuízo da aplicação das sanções administrativas por parte da Autoridade Nacional e, ainda, de possíveis indenizações decorrentes de sentença de reparação de danos (morais e/ou materiais) devidamente comprovados, além de outras cominações legais possíveis.

d) **Portabilidade dos dados** – o consumidor tem o direito de pedir a portabilidade de seus dados para outra empresa e a lei exige que, para a segurança dessa portabilidade, os dados sejam transportados por meio de padrões de interoperabilidade, a serem definidos e regulamentados por meio das Autoridades Nacionais de Proteção de Dados.

Desse modo, a portabilidade dos dados se tornará tão comum e ainda mais segura do que a portabilidade que já existe, atualmente, nas companhias telefônicas, observando o direito do titular de escolha e seu exercício de poder sobre as informações pessoais que lhe pertencem por direito.

Nesse aspecto, percebemos que, com a LGPD, surgem novos direitos para o consumidor, que resta ainda mais fortalecido no que se refere ao controle sobre as informações concernentes à sua personalidade.

Além disso, o fim dos termos de consentimento generalistas ou baseados no adágio popular de que "quem cala consente" traz maior segurança para o titular dos dados que, por meio do consentimento granular, poderá exercer um controle mais eficaz a respeito das autorizações fornecidas, determinando, até mesmo, quanto tempo durará cada autorização, posto que poderá cancelá-las a qualquer momento ou suprimi-las pelo período que entender necessário.

27. CONTRATOS NO *E-COMMERCE*

Flávia Alcassa

INTRODUÇÃO

O comércio eletrônico caracteriza-se pelas operações comerciais que se desenvolvem por meios eletrônicos ou informáticos, ou seja, o conjunto de comunicações eletrônicas realizadas com objetivos publicitários ou contratuais entre as empresas e seus clientes.

De acordo com a NeoTrust, em 2020, foram realizadas 301 milhões de compras por brasileiros via *on-line*, uma alta de 68,5% em comparação com 2019. Consequentemente, o faturamento também cresceu significativamente: a receita gerada foi de 126,3 bilhões de reais, um aumento de 68,1% em relação a 2019[1].

A contratação eletrônica é a celebração ou a conclusão de contratos por meio de ambientes ou instrumentos eletrônicos[2].

Com a vigência da Lei Geral de Proteção de Dados Pessoais (LGPD), o comércio (eletrônico) deverá incorporar como parte da es-

---

1 Resultados Digitais. Dados de ecommerce no Brasil: confira os principais números do comércio eletrônico. Disponível em: <https://resultadosdigitais.com.br/blog/dados-de-ecommerce-no-brasil/#:~:text=De%20acordo%20com%20a%20NeoTrust,1%25%20em%20rela%C3%A7%C3%A3o%20a%202019>. Acesso em: 17-1-2022.

2 MIRANDA SERRANO, Luis María. La contratación a distancia de consumo: TRDCU y Directiva 2011/83/UE. In: MIRANDA SERRANO, Luis María; PAGADOR LÓPEZ, Javier (Coords.). *Derecho (privado) de los consumidores*. Madrid: Marcial Pons, 2012. p. 175.

tratégia de seu negócio a sua adequação à lei, sendo o caminho para conquistar a confiança do consumidor (cliente).

A LGPD dispõe e reforça os direitos dos titulares de dados pessoais, medidas de segurança e governança dos dados, sendo que algumas dessas previsões já existiam no Código de Defesa do Consumidor (CDC) e no Decreto n. 7.962/2013 (comércio eletrônico).

Para tornar o segmento no comércio eletrônico cada vez mais forte e conquistar o consumidor, é indispensável estar de acordo com as boas práticas de mercado, incluindo adequações contratuais em observância à LGPD, bem como considerando os três pilares de segurança: confidencialidade, integridade e disponibilidade, em conformidade com a ISO 27001, a ISO 27002 e a extensão ISO 27701.

ASPECTOS CONTRATUAIS NO *E-COMMERCE*

Para que os contratos sejam considerados válidos, preceitua o art. 104 do Código Civil que devem se fazer presentes os seguintes requisitos: (i) partes capazes; (ii) objeto lícito, possível e determinado (ou determinável); (iii) forma prescrita ou não defesa em lei.

No que toca à segurança, à privacidade e à proteção de dados na sociedade de consumo, encontramos previsão legal no Decreto do *e-commerce* e na LGPD.

Um contrato bem redigido e formalizado é essencial para atividades extrajudiciais (exemplos: cobranças extrajudiciais; entendimento de cláusulas quando há dúvidas por uma das partes, evitando-se desgastes comerciais e/ou operacionais), mas também para embasar uma ação judicial (exemplos: para a revisão contratual; para comprovar e fazer valer o direito da parte contratante)[3].

SEGURANÇA E TRATAMENTO DE DADOS DO CONSUMIDOR

E-commerce:

> Art. 4º Para garantir o atendimento facilitado ao consumidor no comércio eletrônico, o fornecedor deverá:
>
> [...]

---

3 LIMA, Adrianne; ALCASSA, Flávia (2022). Como elaborar um bom contrato de comércio eletrônico. Disponível em: <https://www.migalhas.com.br/depeso/358360/como-elaborar-um-bom-contrato-de-comercio-eletronico>.

VII – utilizar mecanismos de segurança eficazes para pagamento e para tratamento de dados do consumidor.

LGPD:

Art. 6º As atividades de tratamento de dados pessoais deverão observar a boa-fé e os seguintes princípios:

[...]

VII – segurança: utilização de medidas técnicas e administrativas aptas a proteger os dados pessoais de acessos não autorizados e de situações acidentais ou ilícitas de destruição, perda, alteração, comunicação ou difusão.

Já o CDC atribui a vulnerabilidade do consumidor e a necessidade de informações claras e precisas:

Art. 46. Os contratos que regulam as relações de consumo não obrigarão os consumidores, se não lhes for dada a oportunidade de tomar conhecimento prévio de seu conteúdo, ou se os respectivos instrumentos forem redigidos de modo a dificultar a compreensão de seu sentido e alcance.

Art. 47. As cláusulas contratuais serão interpretadas de maneira mais favorável ao consumidor.

Cabe mencionar que com a LGPD estamos cada vez mais diante da exigibilidade de transparência, segurança e autorização expressa nas relações de consumo, em especial a validade dos negócios feitos por meio de ambiente digital.

Os contratos digitais devem ter as mesmas características do contrato físico, somente com alterações do meio em que o ato é praticado (ambiente virtual) e com o uso de assinatura eletrônica, nos termos da Medida Provisória n. 2.200-2/2001, ICP-Brasil com propriedades de integridade e autenticidade.

Integridade: garantia da inalterabilidade dos documentos por meio de um resumo criptográfico;

Autenticidade: utilização de chave privada que garante a autoria em um documento eletrônico.

Nesse sentido, preceitua Fábio Ulhoa Coelho que, pelo princípio da equivalência funcional, o contrato eletrônico e com assinatura digital tem a mesma validade jurídica do contrato físico:

> Pelo princípio da equivalência funcional, afirma-se que o suporte eletrônico cumpre as mesmas funções que o papel. Aceita essa premissa não há razões para se considerar inválido ou ineficaz o contrato tão só pela circunstância de ter sido registrado em meio magnético[4].

Assim, para que o contrato do *e-commerce* atenda aos princípios e garantias legais, com atenção ao Código Civil, ao Decreto do *e-commerce*, ao Código de Defesa do Consumidor e à Lei Geral de Proteção de Dados Pessoais, o comércio deverá:

- obedecer aos princípios da Lei Geral de Proteção de Dados Pessoais em todas as cláusulas dos contratos: Princípios da LGPD (art. 6º):

a) finalidade;

b) adequação;

c) necessidade;

d) livre acesso;

e) qualidade dos dados;

f) transparência;

g) segurança;

h) prevenção;

i) não discriminação;

j) responsabilização e prestação de contas.

Para que o contrato do *e-commerce* cumpra, em geral, o Código Civil, o Decreto do *e-commerce*, o Código de Defesa do Consumidor, o comércio deverá:

- indicar para quais finalidades os dados são coletados: Exemplo: execução do contrato-venda de produtos/fornecimento de mercadorias;
- respeitar o princípio da necessidade (art. 7º, III, da LGPD), utilizando o mínimo suficiente de dados pessoais para praticar o ato;
- apresentar sumário do contrato antes da contratação, com as informações necessárias ao pleno exercício do direito de esco-

---

4 COELHO, Fábio Ulhoa. *Curso de direito comercial:* direito de empresa. 11. ed. São Paulo: Saraiva, 2010. v. 3.

lha do consumidor, enfatizadas as cláusulas que limitem direitos;

- fornecer ferramentas eficazes ao consumidor para identificação e correção imediata de erros ocorridos nas etapas anteriores à finalização da contratação;
- disponibilizar o contrato ao consumidor em meio que permita sua conservação e sua reprodução, imediatamente após a contratação;
- disponibilizar ao consumidor a mesma ferramenta para exercer seu direito de arrependimento para a contratação, sem prejuízo de outros meios disponibilizados;
- utilizar mecanismos de segurança eficazes para pagamento e para tratamento de dados do consumidor. Na maior parte dos casos de compra e venda, os contratos contêm informações sigilosas, endereços, CPF, dados bancários, informações empresariais. Nesse sentido, é essencial a adoção de segurança na transmissão e armazenamento dos dados pessoais;
- informar no contrato o canal de atendimento eficaz em caso de informação, dúvida, reclamação, suspensão ou cancelamento do contrato;
- informar o nome do DPO e o canal de comunicação para as informações sobre privacidade e proteção de dados pessoais dos consumidores no contrato.

CONSIDERAÇÕES FINAIS

Diante da vigência da LGPD, é preciso tomar medidas para a sua aplicação, notadamente as revisões dos contratos do *e-commerce* visando estar adequado. Essa é a melhor forma de conquistar a credibilidade dos titulares dos dados dos clientes (consumidores) e aumentar a boa imagem e a reputação da marca. Acima de tudo, é estar orientado para o caminho seguro e segurança dos dados pessoais no comércio.

28. CONTRATOS DE SEGURO

Daniela Samaniego

Caracterizados basicamente pela existência de risco, os contratos de seguro também precisarão se adequar às disposições trazidas pela LGPD, até porque os avanços tecnológicos só tendem a aumentar, exponencialmente, os riscos decorrentes do seu uso desenfreado e de seu difuso potencial lesivo.

Nos contratos de seguro, os dados pessoais do contratante são essenciais, não apenas para identificar, mas também para mensurar os riscos decorrentes dele e, consequentemente, a sua precificação.

Essa íntima relação entre os dados do segurado e a extensão dos riscos (objeto do contrato) consiste em um dos grandes desafios na adequação dessa espécie de contrato às regras trazidas pela LGPD, mormente quando se trata de dados sensíveis que, não raramente, são exigidos em contratos de seguro (em um seguro de vida são essenciais informações a respeito da saúde do titular dos dados e, em alguns casos, até mesmo de terceiros). O próprio procedimento decorrente da verificação do sinistro para fins de verificar se existe, ou não, cobertura para o fato danoso, a fim de realizar a liquidação do valor a ser indenizado, já requer, por si só, a coleta de dados pessoais.

O principal desafio inerente aos contratos de seguro, portanto, reside no fato de encontrar um meio-termo, a fim de se estabelecer um equilíbrio entre as exigências naturais de um contrato de seguro (considerando as informações necessárias para o cumprimento de seu escopo), sem descurar da proteção à privacidade e à intimidade do contratante, que fornece seus dados pessoais, assegurando a legitimidade do contrato e o direito à autodeterminação informativa do segurado, sem falar nos dados de terceiros (beneficiários dos seguros).

Outro desafio reside no diálogo entre as fontes normativas que regem o instituto do seguro, com a LGPD, considerando a diversidade existente, expressas pelo Conselho e pela Superintendência Nacional de Seguros Privados, além das previsões contidas no Código Civil e no Código de Defesa do Consumidor.

O art. 757 do Código Civil especifica que: "Pelo contrato de seguro, o segurador se obriga, mediante o pagamento do prêmio, a garantir interesse legítimo do segurando, relativo à pessoa ou a coisa, contra riscos predeterminados".

Desta feita, a fim de mensurar o valor do risco que deve ser assegurado, mister se faz analisar os dados pessoais do contratante, de tal maneira que podemos afirmar que o conjunto de dados pessoais do segurando é que irá definir e estabelecer a dimensão do risco, possibilitando aferir o valor do prêmio a ser pago em decorrência do evento danoso.

Com base na análise de dados pessoais, como a idade, a profissão e o sexo, além de dados extremamente sensíveis, como dados de saúde, torna-se possível identificar a maior ou a menor probabilidade de riscos e, desse modo, diminuir ou aumentar a plausibilidade de sinistro de tal maneira que não é demais afirmar que a análise dos dados pessoais, em um contrato de seguro, consiste em fator determinante para formar a base econômica do contrato.

Insta chamar a atenção, inclusive, para a assimetria existente nessa espécie de contrato, no sentido de que as informações prestadas pelo segurando (e que servirão de base para a aferição do risco e o consequente valor do prêmio a ser pago, bem como da parcela do seguro) são de domínio e responsabilidade dele, posto que o segurador não detém tais informações, que escapam do seu conhecimento (apesar de não isentá-lo do dever de diligenciar em busca de informações), visto se tratar de informações particularmente pessoais.

Assimetria essa, contudo, que vem sofrendo uma espécie de relativização na sociedade de informação, em decorrência do acesso informacional mais facilitado proporcionado pelos meios tecnológicos, que possibilitam a captura de informações necessárias pelas vias indiretas, por exemplo, a análise da renda da pessoa por meio de informações de seu cartão de crédito ou a confirmação de determinadas doenças por meio da análise do cartão fidelidade usado em farmácias.

De todo modo, devido à forma pela qual se processa o contrato de seguro (o segurador transforma os dados dos segurados em probabilidades, com base em estatísticas, a fim de mensurar os riscos possíveis e, dessa forma, calcular o valor do prêmio a ser pago), quanto mais dados forem coletados, melhores serão as informações obtidas e, consequentemente, mais eficiente e preciso será o cálculo de tal maneira que dados pertinentes aos hábitos e comportamentos do segurado são deveras relevantes.

Por tais motivos, o uso de métodos como o *data mining*[1] (ou mineração dos dados) e o *profiling* (construção de perfil) é comum nos contratos de seguro, para fins de tomada de decisão a respeito da contratação, com base no monitoramento do comportamento do indivíduo, em busca de identificar padrões de risco que possam auxiliar na precificação.

No que se refere ao contrato de seguro, devido às peculiaridades já comentadas, a adequação à LGPD irá requerer uma análise cautelosa da base legal, que irá legitimar o tratamento realizado com os dados pessoais necessários, não olvidando que o consentimento e o legítimo interesse, por suas fragilidades, irão requerer uma base legal subsidiária, que possa assegurar a continuidade do tratamento dos dados, diante de uma possível revogação do consentimento do titular, ou a um provável entendimento (por parte da ANPD) que descaracterize a afirmação de legítimo interesse. Esse cuidado evitará que tais circunstâncias acarretem a impossibilidade de dar continuidade ao tratamento de forma legítima.

Importante análise deve ser realizada no que se refere ao disposto no § 5º do art. 11, que assim determina:

> Art. 11. O tratamento de dados pessoais sensíveis somente poderá ocorrer nas seguintes hipóteses:
>
> [...]
>
> § 5º É vedado às operadoras de planos privados de assistência à saúde o tratamento de dados de saúde para a prática de seleção de riscos na con-

---

1 MENDES, Laura Schertel. *Privacidade, proteção de dados e defesa do consumidor*. São Paulo: Saraiva, 2014. p. 107 e 109. Consiste no "Processo pelo qual dados de difícil compreensão são transformados em informações úteis e valiosas para a empresa, por meio de técnica de informática de combinação de dados e estatística [...] visando a extração de inteligência significativa e de padrões de conhecimento, partindo de um banco de dados, por meio de sua ordenação e transformação".

tratação de qualquer modalidade, assim como na contratação e exclusão de beneficiários.

Nesse caso, há quem entenda que o disposto no parágrafo mencionado não se aplica aos contratos de seguro, tendo em vista que a seleção de risco, nessa espécie de contrato, faz parte da técnica necessária a ele, não se tratando de uma condição acessória e não caracterizando, assim, uma discriminação injusta, mas apenas uma categorização necessária. Todavia, isso não exime da responsabilidade de coletar apenas o estritamente necessário, em observância ao princípio da necessidade, sem falar dos princípios da finalidade, da adequação, do *privacy by design*, do *privacy by default* e todos os demais, previstos no texto da lei.

De todo modo, os limites trazidos pela LGPD precisam ser observados pelas partes no contrato de seguro, principalmente no que se refere à escolha das bases que autorizam o tratamento dos dados, bem como à observância dos princípios legais e dos direitos, expressamente previstos, dos titulares dos dados.

Tais cuidados não se restringem ao momento do tratamento, devendo permanecer mesmo após a finalização, com o descarte dos dados de forma correta e observando a segurança necessária.

Os limites para a coleta, o tratamento e até mesmo o compartilhamento dos dados nos contratos de seguro consistirão em verdadeiros desafios durante a vigência da LGPD, diante de suas especificidades, o que se dá quanto à definição do que pode ser considerado tratamento discriminatório, com base na análise de dados pessoais.

A atuação da ANPD e as repercussões no caso concreto darão, com o tempo, o tom para que esses desafios possam ser superados, de maneira a conciliar os interesses do segurador e os direitos do segurado, como titular dos dados tratados.

29. CONTRATOS DE PRESTAÇÃO DE SERVIÇOS

Damarys Montes
Daniela Samaniego

Antes de terceirizar o processamento e para evitar quaisquer problemas potenciais, o controlador deve celebrar um contrato, outro ato jurídico ou acordo vinculativo com outra entidade, que já estabeleça obrigações de proteção de dados claras e precisas[1].

A *European Data Protection Supervisor* recomenda algumas práticas em relação à contratação dos processadores[2]. São as seguintes recomendações:

a) use apenas processadores que forneçam garantias suficientes para implementar as medidas técnicas e organizacionais para que o processamento atenda aos requisitos do regulamento e garantir a proteção dos direitos das pessoas em causa;

b) certifique-se de que o processador não terceirize/subcontrate mais sem a autorização prévia por escrito do controlador;

---

1 *European Data Protection Supervisor* – EDPS. Guidelines Controllers and Processors: Disponível em: <https://edps.europa.eu/sites/edp/files/publication/19-11-07_edps_guidelines_on_controller_processor_and_jc_reg_2018_1725_en.pdf>. Acesso em: 8-7-2021.

2 Idem.

c) certifique-se de que o processador mantenha o controlador informado de quaisquer alterações, dando a oportunidade de rejeitar;

d) assine um contrato por escrito ou outro acordo legal (vinculativo) com o processador com cláusulas específicas de proteção de dados;

e) assegure que as mesmas obrigações contratuais sejam repassadas a qualquer subcontratado escolhido.

Todos os contratos, como já vimos, contêm dados pessoais e boa parcela deles é composta por informações que podem comprometer as partes envolvidas, razão pela qual, nos contratos em geral e, mais especificamente, nos contratos de prestação de serviços (por envolverem pessoas estranhas à organização), é extremamente essencial a estipulação de uma **cláusula de confidencialidade**.

Isso porque, em um contrato de prestação de serviços, a pessoa (física ou jurídica) contratada terá acesso a uma gama de informações do contratante que poderão impactar não somente a atividade empresarial, mas também a vida pessoal de seus representantes.

Nessa senda, portanto, é aconselhável que o contrato contenha, além das cláusulas comuns que especificam o objeto, as obrigações de contratante e contratada, o pagamento e a duração do contrato, também:

- cláusula que especifique **questões a respeito da autonomia da pessoa contratada**, estipulando os **limites decorrentes dessa autonomia** em consonância com o disposto na LGPD e as responsabilidades decorrentes do uso abusivo ou irregular dela;
- cláusula que **fixe quais serão as permissões concedidas ao contratado**, de que forma elas se darão, por quanto tempo, em quais aspectos e a responsabilidade decorrente do seu mau uso.

  Nesse caso, por exemplo, é importante discriminar que o prestador de serviço não poderá fazer uso das informações obtidas em decorrência do contrato celebrado, para fins diversos do objeto estabelecido no documento, por eles firmado, por ocasião do serviço a ser prestado;
- **cláusula de confidencialidade** (como já comentado anteriormente) que busque proteger os interesses, não apenas da

pessoa (física ou jurídica) contratante, mas também da pessoa do contratado, estabelecendo regras claras de sigilo profissional no decorrer da prestação de serviços, em consonância com o texto da LGPD e, inclusive, o tempo em que o dever de confidencialidade deverá persistir (nos casos em que é necessário manter mesmo após o encerramento do serviço prestado) e como se dará o controle, para fins de garantir a eficácia do seu cumprimento, além das consequências de sua inobservância;

- cláusulas que **definam a questão da coleta dos dados e da exclusão deles**, quando necessária, compreendendo regras pertinentes à segurança da informação e à obrigatoriedade de observá-las, bem como à responsabilização decorrente dessa inobservância;
- cláusulas que **definam regras para o compartilhamento dos dados**, quando necessário, e especifiquem os requisitos que devem ser observados no caso concreto;
- cláusulas que **especifiquem claramente quem é o controlador e quem são os operadores**, a fim de **delimitar as responsabilidades** decorrentes do tratamento dos dados, bem como os deveres e direitos de cada agente de tratamento diante da previsão legal de responsabilidade solidária;
- cláusula que **estipule o dever do prestador de serviço de informar** ao contratante, o mais brevemente possível[3], quaisquer **incidentes ou violações de segurança** que possam acarretar danos consideráveis aos titulares dos dados, a fim de que o controlador possa adotar as medidas legais cabíveis dentro do lapso temporal exigido pela lei (art. 48).

A definição do escopo de atuação da parte que irá prestar os serviços é essencial para nortear todas as demais cláusulas dessa espécie de contrato, tendo em vista que quaisquer dúvidas que possam surgir, com relação ao campo de atuação do prestador de serviço e suas consequentes responsabilidades, impactarão consideravelmente em todas as demais cláusulas contratuais, gerando dúvidas e desconfortos passíveis de serem evitados com mais cautela e prevenção.

---

3 No que concerne ao prazo, entendemos, nesse caso, que a determinação de um prazo específico, considerando as necessidades de cada parte envolvida, restará ainda mais eficaz pela objetividade, trazendo maior segurança para as partes envolvidas.

Idêntico raciocínio deve se dar com relação à especificação do objeto contratual que deve restar o mais detalhado e discriminado possível, pelas mesmas razões e motivos já explicitados.

Um exemplo prático referente a isso se dá quando a coleta dos dados é exigida em virtude da prestação de serviço propriamente dita e não do objeto do contrato, o que irá acarretar a alteração da responsabilidade contratual em casos de incidentes de segurança ou violação de dados.

Não é demais reiterar que a proteção de dados eficiente e eficaz requer cláusulas especificas e detalhadas. A LGPD não condiz com as antigas cláusulas genéricas e, tampouco, com o consentimento presumido ou tácito.

Outro ponto de atenção que merece destaque se refere, também, ao compartilhamento de dados de funcionários e colaboradores, tais como os registros de entrada e saída de empregados e visitantes, por exemplo, nos contratos de prestação de serviços. Daí a importância de um bom termo de confidencialidade e sigilo, bem como das cláusulas específicas de proteção de dados pessoais.

Dessa forma, a especificidade é a regra do momento e, com isso, reiteramos, sem o receio de nos tornarmos repetitivos, diante da relevância do assunto, que é recomendável que os contratos contenham cláusulas que especifiquem:

- como se dá a coleta dos dados, quais serão os dados coletados e como se dará o tratamento deles;
- quais são os direitos dos titulares dos dados, dentre eles o de revogação do consentimento fornecido, e como eles poderão exercer esses direitos;
- o tempo de duração de cada tratamento e como se dará o descarte dos dados tratados.

Por fim, não apenas nos contratos de prestação de serviço, mas em todos os demais, uma cláusula que expresse a finalidade que se pretende obter com cada tratamento de dados deve ser relevantemente priorizada, a fim de demonstrar o compromisso com a observância dos princípios trazidos pela LGPD, servindo de parâmetro, inclusive, para a análise de cumprimento dos princípios da necessidade e da adequação, dentre outros.

Para fins de assegurar a eficácia no cumprimento das cláusulas contratuais e das normas legais, insta manter uma fiscalização adequada e contínua (a continuidade assegura a prevenção e evita descobertas tardias, possibilitando que incidentes sejam remediados em tempo hábil) em consonância com o previsto no art. 39 da LGPD, segundo o qual: "O operador deverá realizar o tratamento segundo as instruções fornecidas pelo controlador, que verificará a observância das próprias instruções e das normas sobre a matéria".

Desse modo, importa também constar nos contratos **cláusula que preveja a possibilidade de auditoria por parte da empresa contratante**, a fim de assegurar o seu devido cumprimento e estabelecer, também, melhores regras a respeito da responsabilidade de cada parte da relação contratual, de modo a atestar a inexistência de excessos na coleta e no tratamento dos dados, bem como a qualidade dos sistemas de tecnologia e de segurança de informação utilizados, no decorrer da prestação de serviços.

A inobservância dos princípios legais e a má escolha das hipóteses autorizadoras de tratamento têm sido causas de aplicação das sanções previstas no Regulamento Geral, na União Europeia[4].

Todo cuidado é pouco no que se refere, portanto, à observância dos princípios legais e à escolha correta das hipóteses autorizadoras de tratamento (também chamadas de bases legais ou, simplesmente, de requisitos).

Nesse aspecto, tendo restadas compreendidas as especificidades de cada contrato, aqui apresentado, bem como o impacto que a lei de proteção de dados brasileira trará para cada um deles, direcionamos a nossa atenção, por fim, para as consequências decorrentes da sua inobservância: as sanções administrativas, a fim de compreender suas espécies, regras de aplicação e destino.

Lembrando que o contrato de prestação de serviços deve estar embasado em uma das hipóteses descritas no art. 7º da LGPD, que trata sobre os requisitos para o tratamento de dados pessoais, sendo:

- mediante o fornecimento de consentimento pelo titular;
- para o cumprimento de obrigação legal ou regulatória pelo controlador;
- pela administração pública, para o tratamento e o uso compartilhado de dados necessários à execução de políticas públicas

---

4 UNIAO EUROPEIA. Disponível em: <https://www.enforcementtracker.com/>. Acesso em: 8-7-2021.

previstas em leis e regulamentos ou respaldadas em contratos, convênios ou instrumentos congêneres, observadas as disposições do Capítulo IV da LGPD;

- para a realização de estudos por órgão de pesquisa, garantida, sempre que possível, a anonimização dos dados pessoais;
- quando necessário para a execução de contrato ou de procedimentos preliminares relacionados a contrato do qual seja parte o titular, a pedido do titular dos dados;
- para o exercício regular de direitos em processo judicial, administrativo ou arbitral, este último nos termos da Lei n. 9.307/96 (Lei de Arbitragem);
- para a proteção da vida ou da incolumidade física do titular ou de terceiros;
- para a tutela da saúde, exclusivamente, em procedimento realizado por profissionais de saúde, serviços de saúde ou autoridade sanitária;
- quando necessário, para atender aos interesses legítimos do controlador ou de terceiros, exceto no caso de prevalecerem direitos e liberdades fundamentais do titular que exijam a proteção dos dados pessoais; e
- para a proteção do crédito, inclusive quanto ao disposto na legislação pertinente.

No papel de controlador ou operador de dados, vale destacar, ainda, que o contrato de prestação de serviços deve dispor o momento em que os dados serão desprezados ou apagados, dando ainda maior segurança jurídica ao acordo entre as partes, indicando uma cláusula específica para tal ação.

Qualquer que seja o acordo entre as partes, tal ajuste não poderá sobrepor à Lei, portanto, devem sempre ser observados o escopo do negócio, as regras dos órgãos reguladores e a determinação do prazo legal de manutenção do dado pelo controlador e, com base nesses alinhamentos, transcrever a cláusula de período de retenção dos dados, bem como se dará o apagamento posterior desses mesmos dados até então tratados e armazenados.

Com o foco de evitar risco ao seu negócio e, ainda, discussão judicial quanto ao prazo de retenção e armazenamento de dados, a cláusula indicada no contrato deve ser clara, objetiva e dispor dos pontos embasados pelos arts. 7º e 16 da LGPD.

30. CONTRATOS DO AGRONEGÓCIO

Mariane Nunes

O agronegócio tem sido atualmente reconhecido por ser um dos setores de maior importância no cenário da economia brasileira, abrangendo atividades produtivas diretamente relacionadas à pecuária, à agricultura e à indústria, atraindo investimentos, desenvolvimento de tecnologias, geração de empregos, entre outras oportunidades de negócios.

A implantação de algumas medidas vem sendo necessária pelo setor para enfrentar desafios, tais como questões ambientais, sustentabilidade, novos meios de gestão e governança, *compliance* e, recentemente, a adequação à Lei Geral de Proteção de Dados Pessoais (LGPD – Lei n. 13.709/2018).

É sabido que o *agrobusiness*, termo usado para se referir ao agronegócio, movimenta um expressivo volume de negócios, envolvendo pessoas físicas e jurídicas, nacionais e estrangeiras, havendo considerável coleta, armazenamento e transferência de dados nacionais e internacionais, em decorrência das relações comerciais estabelecidas.

Frequentemente, são formalizados inúmeros contratos de compra e venda de *commodities* e insumos, de importação e de exportação, bem como de financiamento e crédito rural, especialmente firmados em favor dos produtores rurais. Ademais, um rol extenso de documentos (identificação pessoal, imposto de renda, bens patrimoniais, consulta a birôs de crédito, entre outros) é sempre solicitado para fins de *score* e concessão de linhas de crédito.

Uma considerável quantidade de instrumentos particulares e públicos, de naturezas diversas e de garantias, estas tanto fidejussórias como reais, também é constantemente emitida para mitigar os riscos dos negócios. A título de exemplo, temos: cartas de fiança, cédula de produto rural, cédula de crédito rural, contrato de penhor, alienação fiduciária, hipoteca, duplicatas, e assim por diante, em que figuram os produtores rurais como emitentes, garantidores, fiadores, avalistas.

Existe, ainda, a emissão de títulos cada vez mais utilizados no mercado de capitais, para financiar a atividade agrícola, como as Letras de Crédito do Agronegócio (LCAs) e os Certificados de Recebíveis do Agronegócio (CRAs), os quais são lastreados por títulos emitidos pelo produtor rural.

Podemos ainda fazer menção aos contratos com os fornecedores de matéria-prima para a indústria e aos contratos com prestadores de serviços que colaboram e dão assistência aos *players* nas diversas atividades que envolvem a cadeia produtiva.

Importante ressaltar que a maioria das empresas e instituições do setor utiliza a tecnologia em auxílio à gestão de contratos e garantias supramencionados, assim como de seus negócios de forma geral, por meio de *software* e plataformas tradicionais, como também por meio das modernas *startups* e *fintechs*, muitas como opções de bancos de dados, em que armazenam uma variedade de informações, incluindo os dados pessoais dos clientes (ativos e inativos), com quem negociam, e dos prestadores de serviços parceiros comerciais.

A tecnologia está presente também no campo. Conhecida como agropecuária de precisão, vem trazendo avanços para o agronegócio, modernizando etapas da cadeia produtiva agrícola e pecuária, objetivando, principalmente, aumentar a capacidade de produção, redução de custos, melhorando aspectos como a governança, com auxílio da *startups* e *agrofintechs*, por meio de controles detalhados financeiros, lavoura, condições climáticas, manejo de insumos, controle contra pragas, beneficiamento, estoque, logística, e maquinários agrícolas de última geração completam a estrutura.

Em vista disso, um volume considerável de dados, inclusive os de geolocalização, que exigem uma complexidade maior no tratamento, é armazenado e compartilhado, e, quando associados, levam à identificação de uma pessoa física, por isso é necessária a adequação à LGPD também em relação às atividades de agropecuária de precisão, para evitar o uso indevido dos dados. Os termos desses contratos de trabalho e de prestação de serviços no campo devem ser elaborados com muita atenção pelos motivos já mencionados.

Outrossim, além do banco de dados de clientes e prestadores de serviços, e dos que se referem às atividades diretamente relacionadas a lavoura, toda empresa possui o banco de dados de seus próprios funcionários, sejam efetivos ou temporários (os que normalmente são contratados de forma sazonal para o período de colheita), devendo tratar esses dados pessoais com o mesmo rigor aplicado aos dados pessoais dos clientes e parceiros.

Dessa forma, em decorrência da formalização de todos esses contratos, sejam de prestação de serviços ou bens, como envolvendo: garantias, títulos e o armazenamento dessas informações em bancos de dados, necessários e obrigatórios à mercantilização e crescimento do *agrobusiness*, é inevitável que ocorra a circulação de dados pessoais, de maneira que se faz fundamental que haja a conscientização dos envolvidos e investimentos nos processos de adequação em relação à legislação de proteção de dados pessoais.

É notória a carência significativa de conhecimento e conformidade a respeito da legislação em vigor no setor do agro, reafirmando a necessidade e a importância da implantação imediata dos projetos de adequação à LGPD.

Por consequência, podemos elencar algumas dificuldades que serão enfrentadas de imediato e que por isso merecem atenção:

- disseminar o conhecimento e a conscientização sobre a LGPD em toda a cadeia produtiva, de forma a impedir que resulte em impactos negativos aos negócios, evitando situações típicas, como: a resistência ou recusa da entrega de dados pelo produtor rural; prejuízos à imagem e financeiro das empresas, decorrentes de sanções impostas; fins de relações comerciais etc.;
- precariedade no acesso à tecnologia, a profissionais capacitados, a suporte técnico e jurídico, existente em determinadas regiões ou no caso de pequenos produtores rurais e distribuidores de insumos de menor porte;
- transformar os hábitos e as formas de executar as atividades e os negócios que já são consolidados, tendo como exemplo as minutas de contratos que deverão ser adaptadas à lei e a forma como esses instrumentos circulam entre as partes envolvidas;

- criar alternativas de como realizar o tratamento dos dados, haja vista as peculiaridades do agronegócio, nas quais a recepção de documentos, a coleta de dados e a formalização de contratos e garantias são primordiais para a existência do negócio, de modo que isso deverá ser feito sem infringir a legislação, evitando prejuízos decorrentes das sanções;
- dar transparência no momento inicial das negociações em que haverá a coleta de dados, sobre as finalidades que serão dadas no tratamento dos dados colhidos a fim de evitar dúvidas ou questionamentos de que sejam utilizados para outros fins;
- implantar meios de segurança da informação para garantir a privacidade e impedir o vazamento ou compartilhamento indevido dos dados pessoais, seja nas plataformas de gestão de contratos, títulos e garantias; nos arquivos físicos das empresas em que são armazenados os documentos; na forma como circulam os relatórios gerenciais e documentos entre clientes, empresas, terceiros (auditorias), pois normalmente ocorrem por meio de e-mails, armazenamento em nuvem, aplicativos de mensagens (WhatsApp), entre outros.

Nesse contexto em que se demonstram as fragilidades atuais e se evidencia a necessidade de adequação à LGPD, os métodos do *Privacy by Design* e do *Privacy by Default* se enquadram perfeitamente no cenário dos negócios do agro, em que deverão existir nas relações comerciais, no momento pré-venda, a transparência e a ética sobre a finalidade a que se destinam os dados coletados e o prévio conhecimento dos dados que são estritamente necessários para a formalização dos contratos e demais instrumentos jurídicos, assim como ter clareza quanto ao tratamento que será realizado e às medidas de segurança adotadas, visando estabelecer uma relação de confiança, integridade e disponibilidade entre as partes.

Após traçar o perfil do setor do agronegócio, relatar as peculiaridades dos tipos de contratos e instrumentos que costumam ser utilizados, contextualizar os cenários e as formas de gestão dos dados, e, por fim, listar as principais dificuldades a serem enfrentadas para estar em conformidade com a legislação, podemos seguir com algumas recomendações gerais no tocante a providências para iniciarmos a adequação especificamente dos contratos:

- conhecer o Relatório de Impacto à Proteção de Dados Pessoais das atividades relacionadas ao contrato;

- identificar os dados pessoais que constam no contrato (considerar os dados dos produtores rurais, anuentes, fiadores, garantidores pessoa física, como também os dados pessoais dos representantes legais da pessoa jurídica – indústria, *tradings*, instituição bancária, distribuidores, empresas prestadoras de serviços terceirizados etc.);
- reanalisar a necessidade de coleta e a manutenção dos dados pessoais identificados no contrato (considerar a finalidade a que se destinam, não esquecendo os dados necessários ao cumprimento de obrigações legais);
- revisar as cláusulas do contrato, a fim de identificar as que estejam em desconformidade com a LGPD (atenção para preservar o direito dos titulares dos dados e os deveres do controlador dos dados);
- criar e adaptar as cláusulas tendo em vista a finalidade do contrato, os riscos envolvidos, a possibilidade de compartilhamento de dados e o fundamento legal.

No próximo passo, qual seja, o da elaboração das cláusulas a serem adaptadas para que os contratos do agronegócio estejam em conformidade com a LGPD, é importante que as cláusulas referentes à proteção de dados pessoais versem claramente sobre:

- base legal vigente;
- critério adotado no caso de alteração da base legal vigente, que impacte na finalidade do contrato;
- CID – Confidencialidade, integridade e disponibilidade;
- obrigação em manter registros das operações de tratamento realizadas;
- obrigação em implementar medidas de segurança técnica e organizacional;
- compromisso de fornecer informações relevantes para mitigar riscos de violação de segurança;
- direito de acompanhar, fiscalizar, auditar para garantir o atendimento à LGPD;
- previsão de notificação e procedimentos em caso de descumprimento da lei e obrigações contratuais;
- responsabilidades e penalidades em caso de infração;
- previsão de eliminação dos dados;
- consentimento (se for o caso).

Vale destacar que os temas a serem abordados nas cláusulas de proteção de dados anteriormente sugeridas deverão estar em harmonia com o objeto do contrato que se está adequando, levando em consideração as suas peculiaridades. A inclusão de tais cláusulas deverá fazer sentido observando a finalidade do contrato, as partes envolvidas, a existência de dados pessoais, o tempo do tratamento dos dados, enfim, de forma geral, o contexto deve ser analisado cuidadosamente sob a ótica da ética, do *compliance* e das legislações de proteção de dados pessoais acrescidas das legislações específicas das áreas a que se referem.

31. MULTAS CONTRATUAIS *VS.* MULTAS ADMINISTRATIVAS DA ANPD

Damarys Montes

Neste capítulo, a abordagem é sobre dois conceitos que são bem diferentes e, por vezes, podem trazer entendimento diverso do previsto: multas contratuais e multas administrativas.

A multa contratual é aquela realizada quando da elaboração do contrato entre as partes, seja um contrato de prestação de serviços, um contrato de trabalho ou um contrato de seguros. Vale lembrar que, independentemente da especificação do contrato, se há multa atribuída aos incidentes de dados pessoais, esse contrato poderá ser executado, se houver indícios de infração à LGPD.

Um contrato pode ter a previsão de aplicação de multa por infração à LGPD e, nesse caso, há uma definição bilateral, ou seja, ambas as partes da relação consentem com a atribuição da multa, caso haja incidentes com os dados pessoais dos titulares que, minimamente, possam gerar risco financeiro ou reputacional ao controlador.

Aqui, as multas são alinhadas entre as partes, geralmente com indicação de percentual de faturamento mensal ou anual ou, ainda, referente ao contrato firmado pelas partes com uma indicação de indenização em relação ao montante ajustado mensalmente e, quando existe o ajuste entre as partes, há a possibilidade de negociação e, ainda, de possível provisionamento do risco de incidentes de dados.

Quando falamos de multas administrativas aplicadas pela Autoridade Nacional de Proteção de Dados (ANPD), trata-se de multa prevista no art. 52, II e III, da LGPD. Aqui, a multa imposta por qualquer infração cometida às normas da Lei será aplicada, exclusivamente, pela ANPD, a depender do critério estabelecido e apurado pelo órgão regulador. A LGPD propõe princípios que devem ser levados em consideração pelas organizações, caso contrário, multas e penalidades podem ser aplicadas, chegando ao valor de quinhentos milhões de reais ou 2% do faturamento total da empresa.

Assim, existe a possibilidade de as organizações serem penalizadas, diante de um incidente de dados, tanto pelas controladoras, diante das cláusulas previstas de indenização financeira e reputacional, como pelo órgão regulador, a ANPD, diante de uma apuração de infrações.

Tais multas têm viés diferenciado e são aplicadas por conceitos diferenciados; a primeira trata-se de ajuste contratual entre as partes e a segunda é decorrente de apuração pela ANPD. Notamos, aqui, que a violação ou incidente de dados pode gerar às organizações um desfalque financeiro considerável e uma publicização da imagem que pode arrastar por anos a marca de uma organização, trazendo ausência de credibilidade e ponderações diante de uma análise reputacional que pode inviabilizar negócios futuros.

O mercado, cada vez mais exigente, tem a enorme tendência de realizar negócios com organizações bem-conceituadas e minimamente investigadas por uma breve análise reputacional realizada, portanto, um incidente de dados pode gerar sérios efeitos colaterais à organização que, após apuração, foi multada pela ANPD.

A publicização do incidente ocorrido e os meios para mitigação, com a finalidade de gerar o menor risco possível aos titulares de dados, é ponto obrigatório da LGPD, que pode ser visto no art. 52, IV.

Assim, as organizações devem garantir a segurança dos dados pessoais tratados e, sempre que ocorrer incidentes de segurança, comunicar a informação ao órgão regulador, a ANPD, sendo que, dependendo do incidente, o titular dos dados também deverá ser comunicado.

Resta claro, portanto, que ambas as multas são legais e podem ser cobradas, tanto pela parte lesada como pela ANPD.

REFERÊNCIAS

AUTORIDADE NACIONAL DE PROTEÇÃO DE DADOS. Comunicação de incidentes de segurança. Disponível em: <https://www.gov.br/anpd/pt-br/assuntos/incidente-de-seguranca>. Acesso em: 8-7-2021.

_________. Guia Orientativo para Definições dos Agentes de Tratamento de Dados Pessoais e do Encarregado. Disponível em: <https://www.gov.br/anpd/pt-br/assuntos/noticias/anpd-publica-guia-orientativo-sobre-agentes-de-tratamento-e-encarregado>. Acesso em: 8-7-2021.

BULOS, Uadi Lammêgo. *Curso de direito constitucional*. São Paulo: Saraiva, 2008.

CAVOUKIAN, Ann. Privacy by Design: The 7 Foundational Principles: Implementation and Mapping of Fair Information Practices. Disponível em: <https://iapp.org/media/pdf/resource_center/pbd_implement_7found_principles.pdf>. Acesso em: 8-7-2021.

COELHO, Fábio Ulhoa. *Curso de direito comercial:* direito de empresa. 11. ed. São Paulo: Saraiva, 2010. v. 3.

EUA. World Economic Forum. The Global Risk Report 2020. Disponível em: <http://reports.weforum.org/global-risks-report-2020/>. Acesso em: 8-7-2021.

EUROPEAN DATA PROTECTION BOARD. Guidelines 07/2020 on the concepts of controller and processor in the GDPR. Set. 2020. Disponível em: <https://edpb.europa.eu/our-work-tools/public-consultations-art-704/2020/guidelines-072020-concepts-controller-and-processor_pt>. Acesso em: 8-7-2021.

GAGLIANO, Pablo Stolze; PAMPLONA FILHO, Rodolfo. *Manual de direito civil:* volume único. São Paulo: Saraiva, 2017.

GONÇALVES, Carlos Roberto. *Direito civil brasileiro.* 9. ed. São Paulo: Saraiva, 2018.

GRAEF, I.; HUSOVEC, M.; PURTOVA, N. Data portability and data control: Lessons for an emerging concept in EU law. *German Law Journal.* 2018. Disponível em: <https://static1.squarespace.com/static/56330ad3e4b0733dcc0c8495>. Acesso em: 8-7-2021.

GUERRA FILHO, Willis Santiago. *A filosofia do direito:* aplicada ao direito processual e à teoria da constituição. 2. ed. São Paulo: Atlas, 2002.

LADLEY, J. *Data Governance*: How to Design, Deploy and Sustain na Effective Data Governance Program. The Morgan Kaufmann Series on Business Intelligence. Morgan Kaufmann, 2012.

LIMA, Adrianne; ALVES, Davis. *Encarregados:* Data Protection Officer: DPOs exigidos pela LGPD – Lei Geral de Proteção de Dados. São Paulo: Haikai, 2021.

LOPES, Bergson Rêgo. *Gestão e governança de dados:* promovendo dados como ativo de valor nas empresas. Rio de Janeiro: Brasport, 2013.

MAIA, Fernanda. *LGPD:* aplicação prática das bases legais. LGPD Acadêmico (*e-book*). 2018.

MENDES, Laura Schertel. *Privacidade, proteção de dados e defesa do consumidor.* São Paulo: Saraiva, 2014.

MIRANDA SERRANO, Luis María. La contratación a distancia de consumo: TRDCU y Directiva 2011/83/UE. In: MIRANDA SERRANO, Luis María; PAGADOR LÓPEZ, Javier (Coords.). *Derecho (privado) de los consumidores.* Madrid: Marcial Pons, 2012.

REALE, Miguel. *Filosofia do direito.* 11. ed. São Paulo: Saraiva, 1986.

REINO UNIDO. Information Commissioner's Office – ICO. Controllers and processors. Guide to Data Protection. Guide to the General Data Protection Regulation (GDPR). Disponível em: <https://ico.org.uk/for-organisations/guide-to-data-protection/guide-to-the-general-data-protection-regulation-gdpr/controllers-and-processors/>. Acesso em: 8-7-2021.

UNIÃO EUROPEIA. Regulamento Geral de proteção de dados pessoais. Regulamento (UE) n. 2016/679. Disponível em: <https://eur-lex.europa.eu/legalcontent/PT/TXT/?qid=1528874672298&uri=CELEX:32016R0679>. Acesso em: 8-7-2021.

USTARAN, Eduardo (Coord.). *European Data Protection:* Law and Practice. 2. ed. IAPP: EUA, 2019.

VENOSA, Sílvio de Salvo. *Direito civil:* teoria geral das obrigações e teoria geral dos contratos. 16. ed. rev. e atual. São Paulo: Atlas, 2016. v. II.